Anton Stangl

Die Sprache des Körpers

Menschenkenntnis für Alltag und Beruf

ECON Taschenbuch Verlag

Die Deutsche Bibliothek – CIP-Einheitsaufnahme

Stangl, Anton:
Die Sprache des Körpers : Menschenkenntnis für Alltag und Beruf /
Anton Stangl. – Düsseldorf; Wien; ECON-Taschenbuch-Verl., 1992
(ETB ; 26020 : ECON-Sachbuch)
ISBN 3-612-26020-0
NE: GT

Lizenzausgabe

ECON Taschenbuch Verlag GmbH, Düsseldorf und Wien
November 1992

Umschlaggestaltung: Molesch/Niedertubbesing, Bielefeld
Druck und Bindearbeiten: Ebner Ulm
Printed in Germany
ISBN 3-612-26020-0

Inhalt

Einführung

»Die Grenzen der Seele wirst du niemals finden und gingest du alle Wege zu Ende.«

Heraklit (540–480 v. Chr.)

Vor Jahren kaufte ich mir an einem Bahnhofskiosk eine gut aufgemachte Schrift mit dem verlockenden Untertitel »Charakterologie und Menschenkunde«, die mich folgendermaßen belehrte: Ein Mensch mit vollem wulstigem Ohrläppchen ist »ein weicher Lappen«, einer ohne Ohrläppchen ein hartgesottener Bursche, eine Frau mit spitzem Kinn und spitzen Ellbogen ist ein böses, zänkisches Weib und jemand mit einem breiten Kinn ein energiegeladener Mensch. In den dreißiger Jahren pflegte man dann bei derlei Schriften als »Beweis« in Klammern dahinter zu setzen: »Musterbeispiel Mussolini.«
Von dieser primitiven und völlig unwissenschaftlichen Art von Körpersprache, mit der man die gegensätzlichsten Dinge »beweisen« kann, sollte man sich besser distanzieren. Sie ist – mit einem Wort ausgedrückt – Unsinn. Alle Gleichsetzung von irgendwelchen spezifischen Körperformen mit einem bestimmten Wesenszug ist unhaltbar, sei es die besondere Form von Schädel, Nase, Kinn, Ohr, Kniescheibe oder was auch immer. Lediglich die im Rahmen der Kretschmerschen Konstitutionstypen erfaßten besonderen Ausprägungen des Körperbaus sind wissenschaftlich erwiesen und haben ihren Aussagewert, der niemals in spezifische Eigenheiten hineinreicht, sondern lediglich typenbegründend zu verstehen ist. Die absolut ernst zu nehmende Körpersprache oder die wissenschaftlich einwandfreie Ausdruckspsychologie fußt so gut wie ausschließlich auf dem Spiel der Muskeln. Hier offenbaren sich die Zusammenhänge, die zu klaren, ja zwingenden Schlüssen führen.
Nehmen Sie etwa folgenden Fall: Sie sind im Gespräch mit einem Menschen, dem Sie einen gut erhaltenen Gebrauchtwagen verkaufen wollen. Nachdem er ihn gründlich besichtigt hat, fragt er Sie nach dem Preis. Sie antworten: »Ich habe mich von einem Kfz-Sachverständigen beraten lassen, der 6 800 Mark für angemessen hält.« Kaum ging Ihnen diese Zahl über die Lippen, da bemerken Sie:

– wie der Interessent sein Gesicht, das Ihnen bisher voll zugekehrt war, ein Stück zur Seite dreht, mit den Augen aber nach wie vor bei Ihnen verbleibt (»seitlicher Blick«).
– Oder sein Kopf neigt sich nach vorn, so daß Sie sein Blick von unten her über die gesenkte Stirn hinweg trifft (»Blick von unten«).
– Eine andere Möglichkeit: Sein Kopf neigt sich nach hinten, der Blick trifft Sie dadurch aus einer etwas erhöhten Position (»Blick von oben«).
– Es kann auch sein, daß sich seine zuvor normal geöffneten Augen für einen Augenblick zu einer ganz schmalen Lidspalte verengen, um sich dann sofort wieder voll zu öffnen (»verengter Blick«).
Was bedeutet das? Wenn Sie diese vielleicht nur leichten Veränderungen im Blick des anderen sehen, haben Sie in jedem Fall sofort einen wertvollen Hinweis auf das, was in ihm vorgeht. Und Sie können sich unverzüglich darauf einstellen! Sie können zum Beispiel einen soeben aufkeimenden Zweifel oder den Willen, eine harte Auseinandersetzung vom Zaune zu brechen, noch abfangen, bevor er sich richtig entwickelt.
Sie wissen aus Ihrer eigenen Erfahrung: Der Körper des Menschen drückt aus, wer und was und wie man ist. Ob frisch oder müde, begeistert oder gelangweilt, ob frohen Sinnes oder traurig, ob von liebevoller Zuneigung oder von angewiderter Abneigung erfüllt. Wir bersten vor Lachen, wir weinen aus tiefem Kummer, wir hüpfen vor Vergnügen, wir zittern im verhaltenen Zorn, wir erröten vor Scham, wir lächeln in stiller Freude. Alles das geschieht ganz unwillkürlich, ohne daß wir es wissen oder wollen, und diese Regungen bewegen unseren Körper bis in seine letzten Zellen. Körperhaltung, Gang, Gestik und Mimik, die Art des Sprechens – alles das und noch mehr spiegelt die besondere Wesensart eines jeden Menschen wider.
Dementsprechend beurteilen und taxieren wir andere Leute

unaufhörlich je nach ihrem körperlichen Erscheinungsbild. So schätzen wir ihr Alter, ihre innere Kraft, ihre Lebendigkeit und Interessiertheit, ihre allgemeine Stimmungslage, ob wir ihnen vertrauen dürfen, wie sie überhaupt zum Leben und seinen Problemen stehen. Diese Quelle unserer Information ist uns im allgemeinen nur nicht bewußt. Dabei hat sie eine Bedeutung, die gar nicht überschätzt werden kann. Oft zweifeln wir jedoch an unserem Urteil: Können wir uns auf unser eigenes Gespür und unser eigenes Urteil wirklich verlassen? Diesen nagenden Zweifel zu mindern oder wenigstens in einem gewissen Umfang gar auszuräumen, soll der Zweck dieses Buches sein.

Warum können wir von einer Sprache des Körpers sprechen? Die einfache Antwort lautet: Weil der Mensch sein Körper *ist*. Er *hat* nicht einen Körper, wie wir fälschlicherweise zu sagen uns angewöhnt haben. Er *ist* wahrhaftig und ganz eindeutig sein Körper. An ihn ist seine Existenz in dieser Welt gebunden. Der Mensch *ist* nicht nur sein spezifischer Anteil von Seele-Geist, er *ist* genauso sein Körper. Ja, sein Körper ist der Träger von Seele-Geist, er ist der Träger des ganzen Menschen. Alles am Menschen ist – mindestens auch – Körper. Und weil der Mensch eine Ganzheit ist, eine geschlossene Einheit, die wir nicht auflösen oder zerschneiden können, ohne ihn um sein Leben zu bringen, deshalb sind Seele und Körper eins: Die Seele ist das, was den Körper leben läßt, und der Körper ist der Ausdruck der Seele.

Der körperliche Ausdruck ist etwas ganz Spontanes. Wir sind uns seiner nicht bewußt und können ihn so gut wie gar nicht ändern. (Wenn wir es versuchen, verliert er das Spontane, und jeder nur halbwegs empfindsame Beobachter spürt sofort das Gewollte, das Gemachte.) Nehmen Sie als Beispiel den Gang: Haben Sie nicht auch schon erlebt, daß Sie auf der Straße in mehreren hundert Metern Entfernung – soweit entfernt, daß Sie unmöglich die Gesichter erkennen konnten – in einem dichten Menschenknäuel plötzlich für nur wenige Sekunden jemand sahen und im selben Augenblick mit vollkommener Sicherheit diesen Jemand erkannten? So charakteristisch, so wahrhaftig einmalig ist die Bewegungsweise eines Menschen, wie sie sich uns etwa im Gang zeigt, daß bei schärfster Erfassungsmöglichkeit bei vier Milliarden Menschen vier Milliarden verschiedene Gangeigenheiten feststellbar wären. Und so geradezu unglaublich lebendig sind unsere Sinne und so unglaublich präzise ist unser Gefühl, daß wir diese allerfeinsten Unterschiede erfassen können. Wie plump ist im Vergleich dazu doch unser bewußter Intellekt und wie plump sind die Möglichkeiten unserer Sprache, wenn wir etwa diese feinsten Unterschiede beschreiben sollten! Diese unwillkürlichen Bewegungen sind die Grundlage und der Stoff für die Ausdruckspsychologie, für das Erfassen der Bedeutung von Mimik, Gestik und der anderen körperlichen Ausdrucksformen.

In Lebenssituationen, in denen man sich ganz spontan äußert, in denen man also ganz frei und natürlich, ohne jede Hemmung oder Steuerung das tut oder sagt, was die Gefühlsantriebe verlangen oder mit sich bringen, ist die Ausdruckskraft bezeichnenderweise am stärksten. Übrigens ist dabei auch das Erlebnis der eigenen Persönlichkeit am intensivsten. Beobachten Sie die Intensität bei Kindern, die in ihrem Spiel aufgehen, die ganz und gar »in ihrem Spiel sind«! Beobachten Sie die Intensität bei einem Redner, der bei der Sache und ganz in seiner Rede ist: Seine Ausdruckskraft und seine Strahlungs- und Wirkungskraft sind am höchsten. Wenn sich zu viel geistige Kontrolle und Steuerung des Ausdrucks einmischen, bleibt die Wirkung sogleich hinter dem möglichen Optimum zurück. Die größte Wirkungskraft nach außen und das stärkste Erlebnis nach innen hin liegen immer da, wo das bewußte Ich und der Ausdruck im Körper eins sind, wo der Verstand und der unbewußt gesteuerte Körper zusammenwirken und gleichsam zusam-

menfließen: Dann haben wir die ausgeglichene, harmonische, wirkungsstarke Persönlichkeit vor uns. Hier erleben wir eine Seite des so fundamentalen und heute weithin nicht erkannten Problems, in welchem Verhältnis von Spannung und Lösung sich die Lebenskraft eines Menschen befindet, worüber in diesem Buch wenigstens knapp das Wesentliche gesagt werden wird.
Unsere Persönlichkeit, unser individuelles Selbst, geht also weit hinaus über das, was unser bewußtes Denken, was unser bewußtes Ich erkennen und erfassen kann. Und wer sich in der Überschätzung seines Intellekts – die heute bei manchen so ausgeprägt ist – gar noch bewußt beschränkt auf die Anerkennung dessen, was der Intellekt und nur er erfassen kann, der legt sich eine Selbstbeschränkung auf, die dem Weiterblickenden unbegreiflich bleiben muß.

Dieses Buch beruht auf vierzigjähriger Auseinandersetzung mit der Ausdruckspsychologie sowie auf den Erfahrungen, die in zwanzig Jahren bei der Durchführung von Seminaren zu dieser Thematik gewonnen werden konnten. Es ist in erster Linie für den Lebenspraktiker geschrieben, der sich dieses hervorragende Werkzeug der Menschenkenntnis nutzbar machen will. Deshalb werden ganz bewußt nur in besonderen Fällen knappe ausdruckspsychologische Begründungen gebracht. Das Buch müßte sonst zu umfangreich werden und beachtlich an Übersichtlichkeit verlieren. Der Leser, der die prinzipiellen Zusammenhänge (im einleitenden Teil) verstanden hat, wird die Begründung für den jeweiligen Ausdrucksgehalt zumeist selbst finden. Der Klarheit und Übersichtlichkeit halber werden auch relativ seltene Besonderheiten im Ausdrucksgeschehen, die praktisch nur von geringer Bedeutung sind, gar nicht erst dargestellt.
Es werden nur solche Zusammenhänge behandelt, die sowohl von der theoretischen ausdruckswissenschaftlichen Seite her als auch durch die praktische – zum großen Teil

statistisch erhärtete – Erfahrung aus jahrzehntelanger kritischer Arbeit so gut wie zweifelsfrei feststehen. Gelegentliche Ausnahmen werden besonders vermerkt. Das schließt nicht aus, daß man sich im konkreten Einzelfall an die Mahnung Immanuel Kants halten soll: »Habe den Mut, dich deines eigenen Verstandes zu bedienen!« Denn im lebendigen Leben wiederholen sich auch nur zwei Situationen niemals ganz exakt. Deshalb dürfen im Zweifelsfall die speziellen Vorbedingungen und Umstände einer bestimmten Situation nicht außer acht gelassen werden. Diese Mühe kann dem Leser verschiedentlich nicht abgenommen werden.

An einigen Stellen ist der Ausdrucksgehalt eines Körpersignals der besseren Auswertung wegen nach Plus und Minus aufgegliedert. Das soll auf keinen Fall eine Wertung im moralischen Sinn sein. Es soll lediglich im Sinn der Ambivalenz oder Doppelwertigkeit sämtlicher menschlichen Eigenschaften und Verhaltensweisen die Auswertung erleichtern.

Dieses Buch ist nicht für einmaliges Lesen gedacht. Sie sollten es nach der ersten aufmerksamen Lektüre ähnlich wie ein Lexikon für sofortiges Nachschlagen immer griffbereit haben. Entsprechend ist es so aufbereitet, daß Sie mit Hilfe des detaillierten Inhaltsverzeichnisses auf der Stelle finden können, was Sie gerade suchen. Bei einer solchen Handhabung werden Sie sich seinen reichen Inhalt im Lauf der Zeit voll erarbeiten. Die bewußt einfache Sprache und der bewußt knappe, oft schon stichwortartige Stil kommen dieser notwendigen Handlichkeit zugute, so daß Sie Tag für Tag Ihren inneren Gewinn und äußeren Nutzen davon haben können.

Die ausdruckspsychologische Grundlage

Die psychologischen Gesetzlichkeiten jeglichen Ausdrucks

Mag die Psychologie von heute noch so viele Erkenntnisse über den Menschen bieten – die menschliche Seele steckt weiterhin voller Unwägbarkeiten, und der Mensch als Ganzes ist noch immer ein großes Rätsel. Wo kommt er her, wo geht er hin, was sind letzten Endes seine bewegenden Kräfte? Was wir vom einzelnen Menschen wissen, verdanken wir *unserer persönlichen Menschenkenntnis*. Sie baut sich auf der unendlichen Fülle von Eindrücken auf, die wir von Anbeginn unseres Daseins über andere gewonnen haben. Die wenigsten davon sind uns bewußt. Die Art und Weise, wie einer seinen Körper, seinen Kopf, seine Hände hält, seine Füße setzt, wie er uns anblickt oder seine Hand reicht, wie uns der Klang seiner Stimme anspricht, wie wir ihn im einen oder anderen Wesenszug im Zusammenhang mit besonderen Äußerlichkeiten erleben: alles das prägt unsere Menschenkenntnis. Der Ausgangspunkt sind immer die Sprache des Körpers und seine vielfachen Signale.
Ein bedeutender Menschenkenner meinte einmal, man könne leichter seine Weltanschauung ändern als seine höchstpersönliche Art, den Löffel zum Mund zu führen. Mit dieser Feststellung traf er in der Tat ins Schwarze. Wie Goethe schon rund hundert Jahre vor Begründung der modernen Ausdruckspsychologie sagte:

> »Nichts ist drinnen, nichts ist draußen,
> denn was innen ist, ist außen.«

Leib und Seele sind eine Einheit (»Psychosomatik«). Der Mensch ist eine Ganzheit. Wir können ihn nicht in seine

Teile oder Elemente zerschneiden. Der körperliche oder mimische *Aus*druck, der beim Betrachter einen entsprechenden *Ein*druck bewirkt, wird in weitem Umfang unmittelbar im richtigen Sinn aufgefaßt und treffsicher verstanden. So erwidert schon der Säugling in der Wiege, wenn seine Sinne die ersten Entwicklungsstufen erklommen haben, spontan das Lächeln seiner Mutter. Er versteht es richtig zu deuten.

Leider verstehen wir den menschlichen Ausdruck nicht immer unmittelbar richtig. Dazu ist er viel zu vielfältig und viel zu differenziert. Deshalb ist die Menschenkenntnis des durchschnittlichen Menschen, selbst des ausgesprochen einfühlsamen und erfahrenen, noch immer mehr oder weniger begrenzt. Es ist eben nicht ganz leicht, die Sprache des Körpers und seine Hunderte von Signalen richtig wahrzunehmen und zu deuten.

Wodurch wird der Ausdruck des menschlichen Körpers bewirkt, wodurch ist er festgelegt? Die Zusammenhänge zwischen Seele-Geist und Leib ergeben sich aus der immer gleichen einfachen Gesetzlichkeit: Wir haben irgendeinen Sinneseindruck, der sofort ein irgendwie geartetes Gefühl oder inneres Erlebnis wachruft. Dieses Gefühl läßt sich in jedem Fall zweifach verstehen.

Erstens von der ganz besonderen Stimmung her, die ihm innewohnt: wenn wir zum Beispiel mit anderen Menschen in einer gemütlichen Runde zusammensitzen, das »Gefühl«, treffender gesagt: die Stimmung der Behaglichkeit und des Geborgenseins, die wir bewußt oder unbewußt gleichsam genießerisch auskosten. Oder wenn wir uns über jemand ärgern, die besondere Gestimmtheit durch das immer in irgendeiner Form negative Berührtsein, das uns zugleich antreibt, dagegen Stellung zu nehmen.

Und zweitens von eben diesem zuletzt erwähnten Antrieb her, der in jeder gefühlsmäßigen Gestimmtheit lebendig ist. Im ersten Beispiel des gemütlichen Zusammensitzens zeigt er sich in der Verminderung der innere Antriebe oder unserer körperlichen Aktivität, denn wir wollen in der behaglichen Situation verharren, wir wollen sie nicht durch irgendeine Tätigkeit stören, wir wollen sie ja genießen. Im zweiten Beispiel des Ärgers zeigt sich der innere Antrieb in verstärkter Form, im gesteigerten Bedürfnis, tätig zu werden, nämlich gegen das den Ärger hervorrufende Moment aktiv vorzugehen.

Jedes Gefühl trägt also zwei Komponenten in sich: die »Farbe« der Stimmung und die »Kraft« des Antriebs. Letztere tut sich immer in irgendeiner Form als Bewegung kund. Jeder körperlichen Bewegung und Ausdruckserscheinung entspricht also ein zugehöriges seelisches Moment (und umgekehrt). Daher ergeben sich folgende Formulierungen dieser zugrunde liegenden Gesetzlichkeit oder *Formulierungen des Ausdrucksgesetzes schlechthin:*

– Jede seelische Bewegung ist aufs engste verbunden mit einer körperlichen Bewegung.

– Jede körperliche Bewegung verwirklicht den im ausgedrückten Gefühl innewohnenden Antrieb.

– Jede körperliche Bewegung ist in ihrem Antrieb auf das Ziel des seelischen Erlebnisses gerichtet.

– Der körperliche Ausdruck zeigt in der Stärke, Richtung und Dauer seiner Bewegung die seelische Gefühlsregung.

Da jede körperliche Bewegung im Raum erfolgt, läßt sich diese Gesetzlichkeit auch so ausdrücken:

– Jede körperliche Bewegung wird gesteuert von den meist unbewußten Erwartungen des angestrebten Erfolgs.

– Jede körperliche Bewegung wird bestimmt oder mindestens mitbestimmt von dem persönlichen Leiterlebnis oder Leitgedanken.

– Jede Bewegung des Menschen wird gesteuert von seinem individuellen Leitbild (»Image«).

Wie kommt nun diese enge Verflechtung von körperlicher Bewegung mit der seelischen Regung zustande? Die Antwort auf diese Frage ist im Prinzip einfach: In unseren Nervenzentren, die sich im Gehirn und im Rückenmark befinden, werden je nach unserer gefühlsmäßigen Stimmung die Nervenströme erzeugt, die die rund 550 Muskeln unseres Körpers innervieren, d. h. mit Nervenstrom versorgen und damit tätig werden lassen. Denn unsere Muskeln können gut mit Automaten verglichen werden, die je nach der Innervation, also ihrer Steuerung durch die Nervenzentren mittels der Nervenströme, arbeiten. Erinnern Sie sich bitte an das Experiment mit dem soeben abgeschnittenen Froschschenkel. In das bloßliegende weißliche Ende des Nervs für den Beugemuskel wird ein elektrischer Stromstoß gegeben – »automatisch« zieht sich der Schenkel zusammen. Das gleiche mit dem Nerv des Streckmuskels – der Schenkel streckt sich wieder in die Länge. Hier haben Sie die Abhängigkeit des Muskelspiels vom Innervationsstrom vor sich, der normalerweise ja vom seelengesteuerten Nervenzentrum kommt. Seele und Leib, Stimmung oder Gefühl und Bewegung sind insoweit eins.

Für eine wissenschaftlich fundierte Lehre von der *Körpersprache ist allein dieses Muskelspiel entscheidend.* Ein Beispiel, im Prinzip für den gesamten Bereich gültig, soll das deutlich machen: die gewohnheitsmäßige Stellung der Mundwinkel. Wenn wir etwas sehen oder denken, was uns zum Lachen reizt, innervieren wir die Lachmuskeln (risorius, zygomaticus), die die Mundwinkel nach hinten-oben ziehen. Dabei wird der Gegenmuskel oder Antagonist (triangularis oder Dreiecksmuskel) aus seiner Ruhelage mit nach hinten-oben gezerrt. Bleibt der das Lachen verursachende Innervationsstrom weg, entspannen sich die erstgenannten Muskeln sofort und der Dreiecksmuskel als ihr Gegenspieler zieht sie mit der ihm innewohnenden Zugkraft in die Ausgangslage zurück. Wenn wir umgekehrt etwas sehen

oder denken, was uns ärgert oder mißmutig stimmt, wird der Dreiecksmuskel innerviert. Die Mundwinkel werden also mitsamt den erwähnten Gegenspielern nach unten gezogen, die dann nach dem Verblassen des negativen Gefühls, also der ausbleibenden Innervation des Dreiecksmuskels, diesen wieder in die vorherige Ausgangsposition zurückbringen.
Wer nun viel lacht, bei dem werden die Lachmuskeln wegen des ständigen Gebrauchs recht kräftig, und sie ziehen die Mundwinkel auch im Ruhestand leicht nach hinten-oben. Der Gegenmuskel ist demgegenüber ja relativ schwächer. Und umgekehrt: Der Griesgram, der nur selten und da nur versuchsweise lacht, läßt die Lachmuskeln verkümmern und macht den Dreiecksmuskel ganz kräftig. Folglich wird er seine Mundwinkel auch im Ruhestand mehr oder weniger nach unten hängen, besser: nach unten herabgezogen haben. Dieses mimische Bild des heiter-fröhlichen Menschen im Gegensatz zum Griesgram oder Miesepeter kennen Sie alle. Die Zusammenhänge sind ebenso klar, wie zwei mal zwei gleich vier ist. Man darf getrost sagen: Es handelt sich um einen psychophysischen, um einen seelisch-körperlichen Mechanismus. An diesem einfachen Beispiel wird das deutlich, was für jegliches Muskelspiel gilt, das ja die gesamten Körperbewegungen bestimmt und beherrscht.
Es empfiehlt sich, *bei den Ausdrucksbewegungen die unmittelbaren (oder primären) von den mittelbaren (oder sekundären) zu unterscheiden.* Wenn Sie aus einer normalen Beleuchtung heraus in die Richtung eines besonders hellen Lichtes (z. B. der Sonne) schauen, so verengen Sie unbewußt ihre Lidspalten und ziehen gleichzeitig die Augenbrauen zusammen, um trotz der mehr oder minder wirksamen Blendung dort etwas Bestimmtes zu erkennen. Das sind von Ihren Nervenzentren und Muskeln unmittelbar bewirkte Bewegungen, die etwas ausdrücken: die Konzentration auf das gesuchte Blickobjekt. So verhält sich zum Beispiel der Bauer, der bei grellem Sonnenlicht mit seinem

Pflug eine exakte Furche ziehen will. Hier haben Sie es mit einer unmittelbaren oder primären Ausdrucksbewegung zu tun.

Wenn Sie nun jemand nach dem genauen Verlauf eines früheren gemeinsamen Erlebnisses fragt, das für ihn sehr wichtig ist, dann werden Sie wahrscheinlich das gleiche tun: Sie verengen Ihre Lidspalten im sogenannten verengten Blick, ziehen die Augenbrauen zusammen und blicken dabei mit parallel gestellten Sehachsen weit in die Ferne. Sie gehen jetzt intensiv – ähnlich konzentriert wie der pflügende Bauer – der Frage nach: »Ja, wie war das doch damals?« Das sind dann mittelbare oder sekundäre Ausdrucksbewegungen, hervorgerufen durch die gleiche Konzentration. Es fehlt eben nur der direkte Anlaß der Blendung und der notwendigen schärfsten Erfassung des Sehobjekts. Das körperliche Erlebnis kommt also jetzt nicht aus dem direkten Anlaß zustande, sondern es wird indirekt aus der prinzipiell gleichen Situation heraus wirksam. Das ist der ganze Unterschied der mittelbaren zur unmittelbaren Ausdrucksbewegung. Er ist für die richtige Auswertung der Körpersignale oft von großer Bedeutung.

Die Ausdruckspsychologie, also die Auswertung der Sprache des Körpers, ist im Grunde menschheitsalt. Sie wurde ganz gewiß schon vor Tausenden von Jahren betrieben. Als Wissenschaft ist sie freilich relativ jung. Erste Anfänge gehen zurück auf Goethe. Wohl der erste, der ganz systematisch Erkenntnisse auf wissenschaftlicher Grundlage gewann, war im vergangenen Jahrhundert Charles Robert Darwin, gefolgt von Carl Gustav Carus, Th. Piderit, Ludwig Klages und Philipp Lersch, um nur die wichtigsten Namen zu nennen. Hermann Strehle hat praktisch alle Forschungsergebnisse, bereichert durch eigene Erkenntnisse, zusammengefaßt. In den letzten Jahren wird von Bemühungen amerikanischer Forscher berichtet, die die Lehre von der Körpersprache unter dem Begriff der Kinesik (abgeleitet vom griechischen

Wort kinesis = Bewegung) in verschiedener Hinsicht bereicherten. Anscheinend allerdings ohne jede Kenntnis der längst vorliegenden weitgreifenden Erkenntnisse der europäischen, insbesondere der deutschen Ausdruckspsychologie, die mittlerweile in jahrzehntelanger Erfahrung so gut wie zweifelsfrei erhärtet wurden.

Von größter Bedeutung für die richtige Deutung und Auswertung der Körpersprache ist die prinzipielle Mehrdeutigkeit sämtlicher Ausdrucksmerkmale. Ein und dieselbe mimische Erscheinung kann ganz verschiedene Quellen haben. Das wird sich dem Leser immer wieder zeigen. Hier nur ein Beispiel: Waagerechte Stirnfalten, die auf das Anheben der Augenbrauen zurückgehen, bilden sich bei maximal aufgerissenen Augen, wie sie typisch sind für Erschrecken, für Erstaunen, für angsterfüllte Hilflosigkeit, für Unfähigkeit, etwas was man sieht, zu begreifen, aber auch für das plötzliche Begreifen (»Aha, so ist das!«). Auch wer sich wichtig macht mit irgendeiner ihm brennend interessanten Neuigkeit, zeigt dieses mimische Bild ebenso wie der Hochmütige, der in dieser Pose oft von der Seite her auf seinen verachteten Mitmenschen herunterblickt. Das alles sind Quellen für waagerechte Stirnfalten und damit Deutungsmöglichkeiten. Welche ist nun im Einzelfall richtig? Das kann sich niemals aus dem einzelnen mimischen Bild selber ableiten. Das kann sich nur aus der Gesamtsituation und der gesamten Einstellung des Menschen mit seinem Gehabe und Gebaren insgesamt ergeben. Denn der Sinn der Einzelheit, der Sinn des Teils kann sich nur aus dem Ganzen heraus entwickeln. Und er läßt sich in der Deutung nur von diesem Ganzen her ableiten.

Wer das nicht erfaßt – und das ist seither viel zuwenig bedacht und berücksichtigt worden –, betreibt im Grunde nur eine primitive Zeichendeuterei, wie man im graphologischen Bereich der Ausdruckspsychologie dazu sagt. Eine bestimmte graphische Form, ein bestimmtes »Zeichen«, also der fixierte Niederschlag einer Bewegung, wird gleichgesetzt mit einer bestimmten Eigenschaft. Wären die Zusammenhänge derart einfach, wäre jeder geistig geweckte Schulentlassene schon ein perfekter Menschenkenner! Genau das gleiche trifft für die Körpersprache allgemeingültig zu. Wenn in Veröffentlichungen beispielsweise behauptet wird, daß der an seine Nase greifende Gesprächspartner damit zu erkennen gäbe »Ich bin ertappt« oder daß der mit dem Bleistift spielende damit Angst und Suchen nach einem Halt demonstrierte, so ist das als zu simple »Zeichendeuterei« schlichtweg unhaltbar. So primitiv lassen sich die Zusammenhänge nicht vereinfachen, so dürfen die Sprache des Körpers und seine Signale nicht verstanden werden. Es ist die wohl größte Gefahr für ihre praktische Auswertung.

Ein einfaches Beispiel aus dem täglichen Leben: Sie sehen aus Ihrem fahrenden Auto heraus in einer schmalen Seitengasse einen jungen Mann, der sich gerade rasch bückt. Was kann dort vor sich gehen? Der junge Mann kann ein Geldstück aufheben wollen, das in der Sonne blinkt. Er kann sich nach einem Stein bücken, um ihn in ein Fenster oder nach einer Katze zu werfen. Er kann sich bücken, um dem Steinwurf eines anderen auszuweichen. Er kann sich ruckartig ganz klein machen, um von einem gerade an einem Fenster auftauchenden Menschen nicht erkannt zu werden. Er kann einem anderen damit ein vereinbartes Zeichen geben. Er kann seinen soeben gerissenen Schnürsenkel rasch behelfsmäßig zusammenfügen wollen. Er kann als unerzogener Junge damit einer ihm mißliebigen Person sein Gesäß und somit unmißverständlich seine Einstellung zu ihr demonstrieren wollen usw. Was trifft nun zu? Diese Frage kann nur beantworten, wer die *Gesamtsituation* kennt. Das nicht zu beachten, führt unweigerlich in die Irre.

Nun muß noch eine weitere Warnung, besser gesagt: Mahnung zu zurückhaltendem Urteil, angefügt werden. Das richtige Erfassen der verschiedenen Ausdrucksbewegungen wird beträchtlich dadurch *erschwert, daß sich fast jeder von uns im Lauf seines Lebens so etwas Ähnliches wie eine zweite Natur zugelegt hat.* Das ist mindestens partiell der Fall. Das heißt, die »erste«, die ganz ursprüngliche Natur, wird durch Verhaltensweisen überdeckt, die sich zumeist von kleinstauf eingespielt und gleichsam festgefahren haben. Und zwar so sehr, daß man sich schließlich der Tatsache gar nicht mehr bewußt ist, daß es sich eigentlich um unechte Körperhaltungen, Reaktionsweisen und Verhaltensformen handelt. Das führt dann bei Haltungen oder Bewegungsweisen zu einem ausgesprochen falschen Körpergefühl, das zu korrigieren sehr, sehr schwer ist. Oft ist es ein kompensatorischer oder überkompensatorischer Prozeß, der sich da eingespielt hat.

So entwickelt der gemütsweiche oder gutmütige Mensch aufgrund seiner schlechten Erfahrungen (Mißbrauch durch andere) nach außen hin nicht selten eine betont forsche, massive oder rauhe Art des Auftretens, als natürliche Schutzreaktion (»Die rauhe Schale um den weichen Kern«). Oder auffallende Aggressivität verschleiert oft genug nur die gewisse Hilflosigkeit, der man sich in gewissen Situationen preisgegeben fühlt. Der erfahrene kritische Beobachter wird freilich in solchen Fällen eines auffallenden, aus dem üblichen Rahmen fallenden Verhaltens sofort aufmerksam werden und nach dem »Warum?« fragen. Es führt ihn geradezu zu der Schwäche hin, die verdeckt werden soll! Denn er weiß von dem Gesetz: Je mehr ein Mensch von sich behauptet, er habe eine bestimmte Eigenschaft oder je mehr sich einer bemüht, eine bestimmte Eigenschaft darzustellen, um so weniger hat er sie in Wirklichkeit (»Ich in meiner Bescheidenheit...«, »Ich in meiner objektiven Betrachtungsweise...«). – Dazu wird im Kapitel über die Angemessenheit und Echtheit des Verhaltens noch Genaueres gesagt werden.

Von ganz besonderer Wichtigkeit für das richtige Verstehen der Körpersprache sind vielfach *die sogenannten Kleinigkeiten*, also Ausdruckserscheinungen von wenig auffälliger, ganz unscheinbarer Art. Der, der sie zeigt, ist sich ihrer nicht bewußt. Und so kann er sie auch nicht machen oder steuern oder wegzaubern, weder aus disziplinierter Hemmung noch aus berechnender Zweckmäßigkeit, noch aus echten oder vermeintlichem Schönheitsbedürfnis. Die auffallenden Signale, die in die Augen springen, bieten sich dafür an. Die ganz unauffälligen und unscheinbaren sind deshalb echter und um so bedeutungsvoller. Übrigens können sie gar nicht voll und ganz unterdrückt werden, zumindest nicht, ohne entsprechende Zeichen der Unterdrückung sichtbar werden zu lassen. Sie sind also mit die sichersten Signale für die inneren Vorgänge und verdienen daher höchste Aufmerksamkeit. Man muß sie nur wahrnehmen. Gerade wer sie beobachtet, entwickelt seine persönliche Einfühlungsfähigkeit bis zum Optimum. Sein steigendes Verständnis für die Eigenarten der menschlichen Seele ist der Lohn für seine Wachsamkeit und Mühe.

Die wesentlichen Kriterien für die Erfassung der Körpersprache

Nun folgt eine Übersicht über die wesentlichen Beurteilungspunkte in der Ausdruckskunde. Sie bedarf hier keiner weiteren Erörterung, weil die einzelnen Bewegungsmerkmale später an passender Stelle genauer behandelt werden.

Spannungsgrad:
Spannung – Überspannung – Lösung oder Entspannung – Spannungsauflösung – Spannungsausgleich

Angemessenheit oder Adäquatheit des (Bewegungs-)Verhaltens in der jeweiligen Situation:
angemessen – unangemessen.

Geschwindigkeitsgrad oder Tempo:
Hohes Tempo oder schnelle Bewegungen (und jeweils entsprechende Reaktion) – Langsame Bewegungen – Ausgeglichen-gelassene Bewegungen – Ferner: Gleichmäßiges und ungleichmäßiges Tempo.

Bewegungsrichtung:
Vorwärts – Seitwärts – Rückwärts – Nach oben – Nach unten – Vermischung oder Kombination verschiedener Richtungen – Nach außen (Sichausdehnen) – Nach innen (Sichzusammenziehen).

Bewegungsweite oder -größe:
Ausgreifende, weite Bewegung – Unscheinbare, knappe Bewegung.

Distanzzonen:
Intime Distanz 0 bis 40 cm – Persönliche Distanz 0,4 bis 1,5 m – Gesellschaftliche Distanz 1,5 bis 4 m – Öffentliche Distanz ab 4 m.

Abfolge der Bewegungen (Rhythmus):
Die rhythmisch sich wiederholende Bewegung – Die rhythmisch gestörte Bewegung – Die getaktete Bewegung.
Verlaufsform der Bewegung und der Bewegungsfolge:
exakt-gerade oder gerundet – eckig-abgehackt oder rund-fließend.
Bewegungsgrad oder Häufigkeit des Formenwechsels:
Stark oder wenig bewegtes Gestik- und Mienenspiel.
Variationsbreite:
Reiche Fülle oder Kargheit an Formen.

Und immer beachten: Die Gesamtsituation, aus der heraus oder in der die Bewegung erfolgt und alle Begleitumstände, wegen der soeben erläuterten Mehrdeutigkeit der Ausdrucksbewegungen.

Erst die häufige Wiederholung der gleichen Bewegung und erst die von verschiedenen Seiten wiederkehrenden Bestätigungen gewährleisten ein sicheres Ergebnis: sei es eine momentane Einstellung oder ein bestimmter Wesenszug. Zum Beispiel lassen öfters wiederholte Unsicherheits- und Angstgebärden auf wesensmäßige Angst oder Ängstlichkeit schließen. Das vor allem dann, wenn die Gesamtsituation gar keine besondere Sicherheit verlangt.

Die elementare Bedeutung des persönlichen Spannungszustands

Um die Wesensart oder auch die situationsbedingte Einstellung eines Menschen aus den verschiedensten Körpersignalen richtig zu erfassen, muß man treffsicher erkennen können, wieweit seine Lebenskraft gespannt oder gelöst ist. Also seine Vitalkraft, seine seelisch-geistige oder »Nerven«-Energie oder die Summe der ihm zur Verfügung stehenden inneren Antriebskräfte. Das ist mit von der größten Bedeutung.

Wie wir gesehen haben, führen Vorstellungen, die auf ein aktives Tun hinwirken, zu Muskelspannungen. Sie sind oft nicht nur in den unmittelbar betroffenen Körperteilen und Gliedmaßen. Sie gehen weit darüber hinaus, ja sie können den ganzen Körper erfassen. Beobachten Sie etwa einen Menschen, der in eine besonders harte Wand einen Nagel einschlagen will: wie er die gesamte Schulter- und Nacken-, die Bauch- und Beinmuskulatur oft bis in die Zehen hinein versteift und verspannt! Das ist der häufig zu beobachtende Generalisierungseffekt.

Werden die Kräfte übermäßig gespannt, also eindeutig überspannt, tritt als Reaktion unweigerlich ein Zustand der totalen Erschöpfung und Erschlaffung ein. Auch er ist im gesamten Körper festzustellen.

Im Zustand der Passivität ist unsere Kraft gelöst oder entspannt. Geist und Wille öffnen sich für Reize, die als angenehm oder lustvoll empfunden werden. Das ist dann auch die ideale Grundlage für das Genießen, dem man sich in seinen hundert Spielarten voll und ganz hingeben kann: dem guten Essen und Trinken, einer schönen Musik, einer Landschaft, dem sexuellen Erlebnis, einem Kunstwerk oder einem Phantasiebild. Und umgekehrt gilt: Je verspannter ein Mensch, desto geringer seine Genuß- und »Glücksfähigkeit«.

Die Merkmale der Spannung lassen sich im allgemeinen leichter erfassen als die der Spannungsarmut oder der gelösten Kraft. Hier zeigen die Muskeln einen deutlichen Mangel an Konturen, denn sie sind erschlafft. Die Gewebe wirken weich, gleichsam unausgearbeitet, verschwommen. Im extremen und ausgesprochen negativ zu bewertenden Fall von Spannungsarmut hängen ganze Muskelgruppen schlaff herab, besonders die Augenlider, die Wange, Unterkiefer und Unterlippe. Die der Schwerkraft folgende Tendenz nach unten, zum Boden hin, ist unverkennbar.

Durch bewußte Beobachtung wird das immer treffsicherer werdende Gefühl für den Ausdruck von innerer Spannung und innerer Gelöstheit rasch weiter geschärft. Dann läßt sich der individuelle Spannungszustand leicht erkennen an der besonderen Bewegungsweise, am Gang, an der Art zu stehen oder zu sitzen, der Gestik mit Armen und Händen, an den Feinheiten der Gesichtszüge und der Mimik, an der Art des Sprechens.

Die folgende Übersicht* gibt einen eindeutigen Überblick über das, worum es hier geht: die Wirkungskraft einer Persönlichkeit. Nur der Mensch, der sich im Spannungsausgleich befindet, im rhythmischen Wechsel von Spannung und Lösung seiner Kraft, den die Natur als Vorbedingung dafür setzt, kann in vollem Umfang über seine inneren Kräfte verfügen. Und nur er kann die damit verbundene Ausstrahlung haben. Es empfiehlt sich, diese Übersicht

* Sie ist entnommen dem ersten Teil des Buches »Das Entspannungsprogramm – Ein praktischer Wegweiser zu innerer Ruhe und neuer Lebenskraft«, 278 Seiten, 1974, Econ-Verlag Düsseldorf und Wien. – Hier finden sich genaue Darlegungen zu diesem fundamentalen Zusammenhang, der seither in seiner Bedeutung entweder überhaupt nicht erfaßt oder viel zu wenig beachtet wurde.

Spannungszustand der Lebenskraft:
Wirkungskraft der Persönlichkeit

Spannung i. w. S.		Lösung i. w. S.	
–	+	+	–
Überspannt, verkrampft	**Gespannt, gebunden**	**Gelöst, entspannt**	**Aufgelöst, zerlöst, ungehemmt**
gestaute Kraft	verhaltene Spannkraft	frei gelöste Kraft	aufgelöste Kraft
Verspannung	aktiv, immer auf dem Sprung	sich eher dem Geschehen hingeben	sich gehen lassen
			haltlos
verzwungen, krampfhaft	Wille, sich der Welt zu bemächtigen	eher Schicksalsgläubigkeit	Mangel an Selbstbeherrschung
forcierte Selbstdisziplin		locker, natürlich	undiszipliniert
Selbstüberwindung	Selbstbeherrschung, Disziplin	ursprünglich, echt	lasch
Eigenwille, Trotz, Starrsinn	Festigkeit		träge
		aus sich herausgehend	weich
	Konzentration		schlapp
Mangel an Unmittelbarkeit	(Geduld)	beweglich	verführbar
befangen, verschlossen	Widerstandskraft	genießen können	unbekümmert, – flegelhaft
unnatürlich, gemacht	Zurückhaltung	unmittelbar	wurstig
	gemessen, formell	ungezwungen	

Spannungsausgleich
ausgeglichen: im Ausgleich, im Gleichgewicht, im Lot sein
Alles zur rechten Zeit: einmal voll gespannter Aktivität
und dann voll entspannt und frei
ausgewogen, geschlossen, harmonisch, stabil, gereift

Bei viel Vitalkraft »dynamisch« sich auslebender Mensch:
gestaute – beherrschte – freifließende – hemmungslose – Dynamik
Im Spannungsausgleich die echte und starke Persönlichkeit

Bei wenig Vitalkraft auf sich selbst zurückgeworfener Mensch:
Mangel an Ursprünglichkeit – an sich haltend – beeinflußbar – ohne Saft und Kraft
Im Spannungsausgleich »braver Bürger« ohne besondere Trieb- u. Leistungskraft

sorgfältig zu durchdenken. Das kann viel menschliches Verhalten verständlich machen, das sonst unbegreiflich bleibt.

Für die richtige Beurteilung ist natürlich ganz wesentlich das Verhältnis eines gegebenen Spannungsgrades zur äußeren Lebenssituation: Welche Spannung, welcher Willenseinsatz wäre normalerweise erforderlich? Ist die Spannung für die Situation unangemessen hoch oder die Gelöstheit dafür unangemessen ausgeprägt, so kann die Auswertung nur in dem negativen Sinn erfolgen, den die außenliegenden Spalten angeben. Ein schönes Beispiel dafür gibt der Anfänger, der noch ganz unsicher ist etwa im Radfahren, im Tanzen, im Skilaufen: Befangenheit, Versteifung, forcierter Wille sind hier selbstverständlich. Sie dürfen dann selbstredend nicht als solche gewertet werden, ganz anders als bei dem, der vielleicht schon jahrelang Übung darin hat.

Ganz allgemein gilt: »Schön« wirkende Spannungsabläufe künden von lustvollen Erlebnissen, die das Selbstgefühl positiv ansprechen und anheben (etwa der gewandte Tänzer, dem das Tanzen viel Spaß macht), »unschön« wirkende (aus Verspannung, Versteifung oder gar Verkrampfung) von unlustvollen Erlebnissen, die es negativ berühren, es niederdrücken und mindern (etwa der Tänzer, der nur einer im Grund gehaßten Pflicht genügt).

Um seine große praktische Bedeutung zu demonstrieren, seien schon an dieser Stelle einige praktische Erscheinungsformen des augenblicklichen Spannungszustands angeführt. Das Einsetzen von Spannungserscheinungen ist immer das Zeichen eines gewissen Krafteinsatzes. Wenn sich zum Beispiel plötzlich aus einer Überlegung heraus ein rettender Gedanke einstellt, den man spontan festhält, setzt eine einzelne mit Spannung verbundene tiefe Einatmung ein. Ebenso unmittelbar vor einer aktiven Leistung, z. B. vor einer nachdrücklichen Äußerung. Das hat dann manchmal den Charakter des Luftschnappens.

Umgekehrt bedeutet eine einzelne tiefe Ausatmung die Lösung einer vorangegangenen Spannung, z. B. der Seufzer, der die einsetzende Enttäuschung kennzeichnet (dabei herunterfallende Mundwinkel) oder der Seufzer der Erleichterung, wenn sich eine intensive Hoffnung erfüllt (dabei nach hinten oben gehende, Lächeln anzeigende Bewegung der Mundwinkel). Und wenn wir uns in einer behaglichen, absichtslosen Stimmung befinden, dann stockt unser Atem, wenn wir irgend etwas wahrnehmen, das unsere gesteigerte Aufmerksamkeit erregt: eine gespannte Erwartung setzt ein.

Der Spannungszustand zeigt sich oft sehr schön im rhythmischen Spiel der Kräfte. Sie beobachten zum Beispiel, wie bei Ihrem Gesprächspartner irgendein rhythmisches Spiel plötzlich abbricht, etwa ein unbewußtes Daumendrehen oder irgendwelche rhythmische Bewegungen in Beinen, Füßen oder Händen. Dann wissen Sie, daß seine zuvor absichtslose, ausgeglichene innere Einstellung jetzt in eine Aufmerksamkeitsspannung hinüberwechselt, die eine Absicht in sich trägt. Er wird jetzt aktiv. Im umgekehrten Fall, da er aus einer aktiven Beteiligung heraus in ein derartiges rhythmisches Spielen verfällt, löst sich seine zuvor gespannt gewesene Kraft: Er wechselt aus absichtsvoller Aufmerksamkeit in eine eher absichtlose, passive Einstellung, die sich selbst genug ist.

Eine allgemeine innere Unruhe (Spannung) muß sich irgendwie motorisch, also in den Muskeln, äußern: Sie kann, solange sie nicht negativer Natur ist, zu länger anhaltenden rhythmischen Bewegungen eines Fingers, eines Fußes oder Beines von zuweilen nur geringster Bewegungsweite führen. Wird der Drang dazu durch Willenskraft unterdrückt, macht sich die Spannung z. B. durch entsprechende *Ver*spannung, wenn nicht Forcierung, in den Gesichtszügen, in den Händen usw. bemerkbar. Oder Sie beobachten rhythmisch gestörte Bewegungen von Wiederholungscharakter, etwa

Hin- und Herrutschen auf dem Sessel, ungeregeltes Trommeln der Finger auf die Tischplatte, Hin- und Herschieben einer Zigarettenschachtel oder ähnliches: Dann haben Sie die seelische Gestörtheit Ihres Gesprächspartners in seiner augenblicklichen Situation mit Händen zu greifen, z. B. Langeweile, der man dem anderen gegenüber ausgeliefert ist, oder die quälende Unmöglichkeit sich zu äußern, wenn es einen dazu drängt. Wie der einzelne Fall auch aussehen mag, immer ist die Antriebskraft da. Sie kann nicht weggezaubert werden, und sie findet ihren Weg zur Äußerung.

Die elementare Bedeutung der persönlichen Angemessenheit und Echtheit des Bewegungsverhaltens

Ob ein Bewegungsverhalten jeweils der gegebenen Lebenssituation angemessen (adäquat) ist oder nicht, ist ein weiterer allgemeingültiger Beurteilungspunkt. Es ist immer dann angemessen, also echt, wenn das Verhalten ganz natürlich und ungestört ist. Deshalb interessiert hier nur die Frage nach den Störungen. Ein Bewegungsverhalten, ein Bewegungsablauf kann in dreierlei Hinsicht gestört sein:

a) Es kann zwar in der Sache oder dem Inhalt nach durchaus richtig sein, jedoch ist die Stärke oder Intensität in der gegebenen Situation unangemessen: entweder zu stark oder zu schwach. (Hier stimmt sozusagen die Quantität nicht.) Zu stark ist es oft bei Überschwänglichkeit oder Begeisterung, bei Erregung oder in Trunkenheit, bei hysterisch-hemmungsloser Reaktion. Zu schwach bei ausgeprägter Gefühlsschwäche (Mangel an Vitalkraft) da, wo eine kraftvolle Reaktion normal, also angemessen wäre, bei ausgeprägter Gehemmtheit oder bei ausgeprägter Selbstdisziplin, die alle Äußerungen des gesamten Organismus im Zaum hält.

b) Das Bewegungsverhalten kann der gegebenen Situation in der Sache oder im Inhalt nicht angemessen sein, wenn etwas falsch aufgefaßt, also mißverstanden oder völlig ignoriert wird. (Hier stimmt dann sozusagen die Qualität nicht.) Das ist ganz typisch für gewisse seelisch-geistige Erkrankungen, insbesondere bei der Schizophrenie mit ihren völlig unberechenbaren Reaktionen auf irgendwelche Eindrücke. In gemäßigter Form ist das bezeichnend für den frühkindlichen Trotz und vor allem für die Pubertät, verursacht durch die innere Unklarheit und Zwiespältigkeit dieser Entwicklungsphasen mit ihren Hemmungen und Trotzreaktionen, ihren Minderwertigkeitsgefühlen und dem immer wieder durchbrechenden Selbstschätzungstrieb. Auch der von bestimmten Gedanken oder Ideen ganz Ausgefüllte verhält sich nicht selten den Umständen entsprechend wenig sachgemäß, wofür die zur Witzfigur gewordene Gestalt des zerstreuten Professors ein gutes Beispiel abgibt.

c) Das Verhalten kann sowohl sachlich-inhaltlich als auch in der Intensität der Bewegung der gegebenen Situation unangemessen sein. (Dann stimmt weder die Qualität noch die Quantität.) Wer zum Beispiel immer und immer wieder etwas selbstbeherrscht »hinunterschluckt«, was ihn ärgert, läuft bekanntlich Gefahr, daß er eines Tages bei einem noch so geringfügigen und sachlich gar nicht genau treffenden Anlaß in dafür maßlos übertriebener Form »platzt«: Das schon randvoll gefüllte Faß ist durch den letzten Tropfen zum Überlaufen gekommen. Bezeichnenderweise ist das gerade bei jungen Menschen in den Jahren der Pubertät des öfteren zu beobachten.

In diesem Zusammenhang ist dann die *Frage nach der Echtheit* von großer Bedeutung. Echt sind durchweg die unwillkürlichen, spontan gemachten Bewegungen. Sie wachsen ursprünglich aus den augenblicklichen Gefühlen und Stimmungen heraus, was sich in ihrer Antriebsseite (s. S. 20) durch die freie, gelöste, beschwingte Art der Bewegung und des Bewegungsflusses unverfälscht kundtut. Hier kann man von der unwillkürlichen »Ausdrucksbewegung« sprechen. Sie hat einen hohen Aussagewert. Der Redner mit freier und reichhaltiger Gestik, dessen echte innere Überzeugung in seine körperlichen Äußerungen wie von selbst hineinfließt, gibt ein gutes Beispiel dafür ab.

Anders bei den willkürlichen, also mehr oder minder bewußt erzeugten Bewegungen. Sie haben immer irgendwie den Charakter des Gemachten, des Gewollten, des Unechten. Sie verraten mehr eine Verstandes- und willensmäßige Absicht. Demgemäß sind diese »Zweckbewegungen« durch erhöhte Spannung gekennzeichnet. Sie verlaufen eher exakt-gerade oder eckig, haben in der Wiederholung etwas Eintöniges an sich, bieten also nur geringen Formenwechsel. Daran sind sie schon für das halbwegs geschulte Auge leicht zu erkennen. Das kann man gut bei gewissen politischen Rednern beobachten: Sie können (oft von einem bestimmten Zeitpunkt an, da man sie darauf aufmerksam machte, sie müßten z. B. mehr Kraft und Stärke zeigen) immer nur die gleiche, monoton wiederkehrende Geste z. B. des vermeintlich kraftvollen Hebens und Senkens des rechten Unterarms mit der zur Faust geballten Hand bieten!

Von diesen unechten, gemachten Bewegungen oder Haltungen sind *die echt erworbenen* zu unterscheiden. Die echten Erwerbungen entsprechen durchaus der ursprünglichen Wesensart und fügen sich ihr so gut wie nahtlos ein. Die unechten sind künstlich aufgesetzt (»Ein böses Gesicht aufsetzen«). Wie mit anderen Worten schon gesagt, wird jeder einigermaßen feinfühlige und kritische Betrachter diesen Unterschied sofort erfassen. Im Gegensatz zum Mund kann der Körper nämlich nicht lügen. Und wenn er es versucht, verrät er sich dem Kundigen sofort!

Die verschiedenen Erscheinungsformen der Körpersprache im einzelnen und was sie aussagen

Körperhaltung im Stehen und Sitzen

Haltung allgemein

Gute, ganz zwanglose Haltung: Der Mensch im Spannungsausgleich siehe Seite 33. Zugrunde liegen hohe Empfänglichkeit und Aufgeschlossenheit für die Umwelt, die sofortige Verfügbarkeit der inneren Kräfte, Freiheit von irgendwelchen einengenden Zwängen, also natürliches Selbstvertrauen und Selbstsicherheit (»Haltung zeigen«). Gerade hier ist die Kontrollfrage nach Echtheit (lockere, gelöste bei gleichzeitig straff anmutender Körperhaltung) oder nach auch nur teilweise gemachter Haltung angezeigt.

Versteifung oder Verspannung im Körper (Beine, Armhaltung, Kopfhaltung): Selbstschutzreaktion, wenn man sich nicht wohl fühlt und Distanz sucht. – Mehr oder weniger starke Befangenheit, Kontaktscheu, Verschlossenheit, ichbezogene Geisteshaltung. – Oft Empfindsamkeit/Empfindlichkeit bei Geltungsbedürfnis. – Oft in der Pubertät als Entwicklungsstufe in der Kette: Empfindlichkeit, Befangenheit, Ichisolierung, Unterlegenheitsgefühle, Versteifung der Außenwelt gegenüber mit Überkompensation der zu Recht oder zu Unrecht erfühlten Minderwertigkeit. – Oft auch nur peinliche Bemühung um Korrektheit.

Ständige Gespanntheit und äußerliche Steifheit bei gewisser Kühle des Auftretens und gelegentlichen Abwehrmaßnahmen, die durch Starrheit gekennzeichnet sind: Recht empfindsame Naturen, die sich durch den Anschein von Sicherheit und Festigkeit (oft erfolgreich) zu schützen suchen. Ausgeprägte Individualisten zeigen diesen Schutzpanzer

des öfteren. Bei starkem Geltungsdrang schießen die gesamten Antriebskräfte in eine nicht echte, aber deshalb nicht minder stoßkräftige Aktivität ein, in der Verstand und Wille die allenfalls vorhandenen Gefühlwerte hochgradig überspielen. Dann oft rücksichtsloses Erfolgsstreben durch Selbstdurchsetzung und Machtausübung, in der das Selbstgefühl vermeintlich unbeschädigt gerettet wird.
Schlechte, schlappe Haltung: äußerlich und innerlich. »Sich hängen lassen«!
Gekrümmter Rücken: Demut, Unterwürfigkeit, Liebedienerei. Diese charakteristische Geisteshaltung, die sich im Aussagewert durch einen ebenso charakteristischen Gesichtsausdruck bestätigt, kennt wohl jedermann.
Häufig eingenommene Körperhaltung konventioneller Art (z. B. eine oder zwei Hände in Hosentasche, Hände auf Rücken verschränkt oder auf der Brust gekreuzt u. dgl.), vor allem, wenn nicht verbunden mit Lockerheit, also bei irgendwie gezeigter Angespanntheit: Wenig Selbständigkeit, Verzicht auf echte Individualität, Bedürfnis nach unauffälligem Sicheinordnen. Oft zu beobachten, wenn mehrere Menschen in Gruppen zusammenstehen, besonders bei Anwesenheit eines höheren Vorgesetzten.

Schultergürtel und Oberkörper

Die Kombination: Hochgezogene Schultern mit leicht gekrümmtem Rücken und angezogenem Kinn (Mehr oder minder gesenkter Kopf, »eingezogener« Kopf): Gefühl der Bedrohung und daraus resultierende Schutzhaltung: Gewisse Hilflosigkeit, Gefühl des Preisgegebenseins, chronische Angst, Nervosität, aus der emotionalen Tiefe kommende Unsicherheit, Ängstlichkeit (vor allem bei wenig Spannung). Entweder aus der besonderen Situation verständlich oder, wenn Dauerhaltung, verfestigter Wesenszug, der sich aus langdauernder Beängstigung entwickelt,

z. B. bei ständiger Angst vor einem Eltern- oder Eheteil (Haustyrann).

Nach vorn fallende Schultern: Gefühl der Schwäche und Unterlegenheit, Resignieren, Minderwertigkeitsgefühl oder -komplex.

Nach-vorn-drücken der Schultern: bei jäher Angst oder im Schreck.

Freies Senken der Schultern: Aufkommendes Gefühl der Sicherheit, der inneren Freiheit, der Beherrschung der Situation.

Zurücknehmen oder Nach-hinten-drücken der Schultern: Gefühl der Kraft, des eigenen Könnens, der eigenen Möglichkeiten, Aktivität, Unternehmungsgeist, Mut zum Handeln, nicht selten auch Selbstüberschätzung.

Abwechselndes Hochziehen und Senken der Schultern: Keine klare Festlegung möglich, Zweifel, Bedenken, Skepsis.

Aufgewölbter Brustkorb (Intensivere Ein- als Ausatmung, große Luftmenge und ständige Restluft in der Lunge):

+: Kraftbewußtsein, starkes Persönlichkeitsgefühl, Aktivität, Unternehmungsgeist, Bedürfnis nach sozialem Kontakt.

–: (besonders wenn betont) »Sichbrüsten«, »Sich-in-die-Brust-werfen«, »aufgeblasener Mensch«, »Aufgeblähtes Benehmen«, Selbstüberschätzung.

Eingesunkener Brustkorb (Intensivere Aus- als Einatmung, stets nur geringe Luftmenge in der Lunge), weitgehend identisch mit nach vorn fallenden Schultern:

+: Innere Ruhe, gewisser Gleichmut, Zurückgezogenheit; aber alles nur begrenzt positiv, weil aus Antriebsschwäche.

–: Schwaches Selbstgefühl, Mangel an Schwung und Lebensfreude, Passivität, Resignation, Niedergedrücktheit, Traurigkeit, Ichisolierung, Schwäche, Lebensangst (besonders bei allgemeiner Spannungsarmut).

Aufstützen der Arme in den Hüften: Bedürfnis nach Kräftigung und Festigung. Anderen gegenüber Darstellung von Festigkeit, Stabilität und Überlegenheit: Man braucht die Hände gar nicht für eine Auseinandersetzung, ein breiter Raum wird beansprucht, die spitzen Ellbogen sollen wie eine Waffe abschrecken. Herausforderung von naiver bis zu bösartiger Form (oft bei Kindern oder militärischen Vorgesetzten gewissen Stils!). Häufig (Über-)Kompensation von verborgenem Schwächegefühl oder Verlegenheit. – Die Wirkung wird verstärkt durch breitbeiniges Dastehen und Zurücknehmen oder -werfen des Kopfes.

Abstützen des Oberkörpers mit den Händen nach unten, z. B. auf Tisch, Stuhllehne, ein niedriges Rednerpult u. dgl.: Unmittelbar ist das eine stützende Bewegung für den Oberkörper, wenn man sich auf seinen Beinen und Füßen nicht hinreichend sicher fühlt. Mittelbar dann auch Streben nach seelisch-geistiger Festigung bei innerer Unsicherheit.
– *Bei allgemeiner Spannung,* ruhigem und sicheren Gebaren, aufrechter Körper- und Kopfhaltung: Tendenz zu weiterem Gewinn an Kraft oder Widerstandskraft für irgendein Tun bei zugrundeliegender Befangenheit, vielleicht auch bei gedrückter Stimmungslage.
– *Bei wenig Spannung:* Unverhohlene Tendenz zu Bequemlichkeit und Lässigkeit.

Kopf

Voll aufgerichteter Kopf: Ausgeprägtes Selbstgefühl: Selbstsicherheit, Selbstbewußtsein, innere Freiheit. – Volle Aufgeschlossenheit und Aufmerksamkeit für die Umwelt aus intensiver Beziehung zu ihr. – Handlungsbereitschaft, Neigung zu aktivem Zupacken und zu offener, selbstsicherer Auseinandersetzung mit der Umwelt. »Den Kopf hochhalten«, Gegensatz: »Den Kopf verlieren«.

Betont erhobene bzw. schon überhöhte Kopfhaltung: Überhöhter Blick gibt kritische Distanz, kritische Wachsamkeit. – Auch persönliche Distanz, Unnahbarkeit, Selbstüberhebung oder Überheblichkeit, »Hochnäsigkeit«.
Ruckartiges Hochnehmen oder Zurückwerfen des Kopfes: Aktive Bereitschaft bzw. Wille zur Auseinandersetzung, Herausforderung des anderen. Je nachdem kühn, impulsiv, aufbrausend, mutig, unduldsam oder herrschsüchtig aus Selbstüberhebung: »hochfahrend«!
Der zuvor aufrecht gehaltene Kopf gleitet langsam in die gelöste Haltung nach hinten und verbleibt hier: Vorwiegend passive, eher träge Einstellung, Bequemlichkeit, träumerische Lebenshaltung, genußvolles Sichhingeben an Eindrücke.
Zur Seite (rechts oder links) geneigter Kopf (entspannte Nackenmuskeln): Verzicht auf eigene Aktivität, volle Aufgeschlossenheit für den Gesprächspartner oder für eine miterlebte Szene, innere Anteilnahme, Entgegenkommen bis Nachgiebigkeit. Oft zu beobachten beim Flirt, bei Beileidsbezeigungen, im Kino bei gefühlsvollen, rührseligen Szenen u. dgl.
Seitliches Hin- und Herwiegen des Kopfes, durchweg ohne Spannung: Unentschiedenheit, Unentschlossenheit, im Untergrund Skepsis und Vorsicht, daher oft bei gleichzeitig leicht hochgezogenen Schultern und nach unten gezogenen Mundwinkeln.
Völlig spannungslos nach unten hängender Kopf: Totaler Mangel an Spannungsbereitschaft, Willenlosigkeit. Typisch für apathischen Zustand. Schwung- und Hoffnungslosigkeit. »Den Kopf hängen lassen!«
Gesenkter Kopf und gleichzeitig gesenkter, nach unten gehender Blick: Bei allgemeiner Spannungsschwäche Aufgabe von eigener Aktivität, Unterwerfung, Demutshaltung. (Kopfnicken als Zustimmungsgeste!)
– Der »leere« Blick heftet sich dabei auf einen bestimmten

Punkt: Verlegenheit, Schüchternheit, Beschämung, schlechtes Gewissen, Mangel an Selbstsicherheit und Zuversicht. Dabei manchmal der etwas hündisch wirkende schuldbewußte Blick von unten her. – Manchmal ist bei fester Blickführung gewisse Hinterhältigkeit im Spiel, dann unauffälliges Beobachten von unten her. – Wenn offenes Auge, jedoch kein zentrierter Blick: Besinnlichkeit, Nachdenklichkeit, man sucht gleichsam etwas in der Ferne.

Gesenkter, gespannt gehaltener Kopf, mit zentriertem Blick von unten her: Spannungsgeladene Aktivität, Kampfbereitschaft oder -lust, Oppositionsfreude, Aggressivität (»Das gesenkte Gehörn des Stiers«), nicht selten verbunden mit »Halsstarrigkeit«, »Hartnäckigkeit«.

Dem Partner voll zugewendetes Gesicht mit geradem Blick auf ihn: Volle Zuwendung auf positiver Grundlage, prinzipielle Bejahung, also keine Reserve oder Hintergedanken, innere Anerkennung des anderen, freie Äußerung, Bereitschaft zu entsprechendem Handeln.

Der nach vorn gestreckte Kopf, besonders bei konzentrierter Augenpartie: Augen und Ohr werden noch näher zum Partner hingeführt, also intensive Zuwendung, gespannte Aufmerksamkeit. Sowohl bei positiver als auch negativer, ja feindlicher Grundeinstellung.

Abkehr des Gesichts, also Drehung des Kopfes vom Partner weg: Abwendung von ihm auf negativer Grundlage, Ablehnung, nicht selten Überheblichkeit. Wenn nur kurz: Momentanes selbständiges Nachdenken.

Seitlicher Blick, also Abwendung des Gesichts vom Partner bei verbleibendem Augenkontakt bzw. nur teilweise Drehung des Kopfes zum seitlich befindlichen Partner: Bei sonstigen Trägheitsmerkmalen aus Trägheit, Bequemlichkeit. – Oft aus Vorsicht oder Mißtrauen geborene zu verheimlichende Beobachtung, sehr deutlich bei verengtem Blick. – Gelegentlich zur demonstrativen Mißachtung des

anderen aus Überheblichkeit (künstliches Selbstgefühl aus Überkompensation).
Weitere Einzelheiten auch zur Haltung des Kopfes siehe unter Mimik/Blickrichtung der Augen, S. 89!

Beine und Füße im Stehen

Stehen auf beiden Füßen (Füße nicht weiter als maximal zwei Handbreit auseinander) *mit gleichmäßig verteiltem Körpergewicht, fester und gleichzeitig elastischer Stand bei gutem Spannungszustand (Spannungsausgleich):* kraftvoll-ausgeglichen, ruhig und doch lebendig, fest und doch elastisch-anpassungsgewandt, »bodenverwurzelt«, »Standfestigkeit« (krasser Gegensatz etwa »Vor Angst schlottern«), »Selbständigkeit«, Standhaftigkeit, innere Freiheit, Besonnenheit, »Einen festen Standpunkt haben«, »Boden unter den Füßen haben«, »Mit beiden Beinen im Leben, auf der Erde, auf dem Boden der Tatsachen stehen«. – Im weiteren Sinn gelten die alten Redensarten mit ihrem Doppelsinn: »Auf eigenen Füßen stehen«, »Seinen Mann stehen«, »Ein gestandener Mann«, »Gut« oder »Schlecht dastehen«, »Zu jemand« oder »Zu etwas stehen«, »Für etwas einstehen«, »Jemandem beistehen«, »Einer Schwierigkeit standhalten«, »Standvermögen haben«, »Sich auf die Hinterbeine stellen«. Nur wer mit sich im reinen ist, kann ruhig und fest auf seinen Füßen, im besonderen auf seinen Fersen stehen! – Es ist bezeichnend, daß alle Kultursprachen eine Fülle von solchen treffenden Redensarten für die Beschreibung der menschlichen Wesensart gerade aus der Art des Stehens heraus entwickelt haben.
Starrer, unbeweglicher Stand bei starker Spannung: Starrheit, Starrsinn, Mangel an Wendigkeit, wenig Anpassungsgabe, unelastische Selbstbehauptung.
Noch einigermaßen fester Stand auf einem Stand- und einem Stützbein, nicht zu häufiger Stellungswechsel bei einiger Lok-

kerheit: Aufgewecktheit, Wendigkeit, lebhafte Reaktionen, Elastizität, Anpassungsfähigkeit, legeres Wesen; aber schon gewisser untergründiger Mangel an »Standfestigkeit«, der sich bei stärkerer Belastung bemerkbar macht.

Labiler Stand bei Mangel an Spannung, häufiger Wechsel von Standbein und Fußposition: Kein fester Standpunkt (»Leicht umkippen«), Labilität, Mangel an Festigkeit und Disziplin, an Selbstbehauptungs- und Durchsetzungswillen, Antriebsschwäche, Weichheit, Bequemlichkeit, unsicher, ängstlich, suggestibel, kindlich-naiv je nach weiteren Symptomen. – Mancher Politiker, der mit seinem Mund gerade markante Worte über seine Eigenständigkeit und die Festigkeit seines Standpunkts ausstößt, »tritt« dabei gleichzeitig »von einem Bein aufs andere« und verrät sich durch diese Sprache seines Körpers dem Kundigen in seiner wahren Schwäche!

Im Stehen nach-oben-wippen durch einseitige Gewichtsverlagerung auf die Fußballen, ständiges ruckartiges Anheben des Körpers: Entweder Vorbereiten einer aktiven Bewegung nach vorn im Sinn einer kampfbereiten oder aggressiven Einstellung oder (wahrscheinlich noch öfters) Überheblichkeit. Siehe »Ständiges Nach-oben-wippen« beim Gehen, Seite 67! In jedem Fall fehlt es an der echten »Standfestigkeit«. Der wirklich ausgewogen-stabile Mensch, der im Gleichgewicht, im Lot ist, zeigt es niemals. – Beobachten Sie auch das bitte bei manchen Politikern und sonstigen Rednern!

Breitbeiniger Stand: Bedürfnis nach Selbstbehauptung, »Breitspurigkeit«, übersteigerter Selbstschätzungstrieb, oft aus Minderwertigkeitserlebnis als Überkompensation eines Gefühls der Bedrohung.

Auffallend nach außen gerichtete Fußspitzen: »gespreizter Gang«, »Er kommt daher wie ein Pfau«, je nach anderen Hinweisen Dünkel, Aufgeblasenheit, Eitelkeit, Anmaßung. Sehr oft dabei Vorstrecken des Bauches und Zurücklegen

des oberen Oberkörpers: gewisses »Watscheln«. Ursache kann vor allem in diesem Fall auch absolute Naivität sein.
Nach innen gerichtete, also einwärts gekehrte Fußspitzen: Wirkung ist immer primitiv, gewisse innere Schwäche, relativer Mangel an Spannung, Frage, ob echte Selbstsicherheit. Gerade hier Vorsicht vor zu raschem Urteil!

Die Beine und die verschiedenen Arten des Sitzens

Geschlossene Sitzweise (Beine und Füße sind aneinandergeschlossen): Ängstlichkeit nach Art des hilflosen Untertanen oder des dienstbeflissenen Schülers – Kontaktscheu, empfindliche Einstellung – Penible Korrektheit aus Mangel an innerer Selbständigkeit.
Unbekümmert geöffnete Sitzweise (Die Beine oder – gemildert – die Oberschenkel stehen völlig ungeregelt weit auseinander): Extreme Bequemlichkeit und Unbekümmertheit, Mangel an Disziplin, Faulheit, Unerzogenheit, gleichgültig-primitive Rücksichtslosigkeit.
Übereinandergeschlagene Beine: Sich bequem machen, wenn es einem gefällt, auch Höhergestellten gegenüber. Kräftiges natürliches Selbstgefühl, kein Gefühl der Unterlegenheit. Gewisse gemütliche Stimmung, keine bemerkenswerte Aktions- oder Abwehrbereitschaft. – Oft auch im Sinn der (Über-)Kompensation zum Überspielen von Unsicherheit oder Minderwertigkeitsgefühl zu verstehen zum Zweck der Wiedergewinnung der eigenen Sicherheit, dann Eindruck einer gewissen Verklemmtheit, mindestens einige Spannungssymptome.
Die Füße werden um die Stuhlbeine gelegt, oder: Ein Fuß wird bei übereinandergeschlagenen Beinen um das andere Bein gelegt: Wie soeben bei übereinandergeschlagenen Beinen, nur in verstärkter Form, also entweder völliges Sichbequemmachen oder unbewußt intensive Bemühung, an innerer Sicherheit zu gewinnen.

Der breite, bequeme Sitz auf der gesamten Sitzfläche, gleichsam breit, schwer, genüßlich, bei gelockerter Muskulatur, denkbar bequeme Haltung der Beine und Füße (die zum Aufstehen erst noch in die richtige Lage gebracht werden müssen) und bequemes Anlehnen an die Rückenlehne; »sich bequem machen«; dabei oft lässiges Übereinanderschlagen der Beine: Positive Grundstimmung, innere Ruhe, vertrauensvolle Einstellung, gewisse Geborgenheit. – Naivität, völlige Harmlosigkeit in der fälschlicherweise vertrauensvollen Einstellung. – Passivität, nicht berührt oder belästigt sein wollen, Bedürfnis in Frieden gelassen zu werden (»Mir ist alles egal, wenn ich nur meine Ruhe habe«), im Hintergrund möglicherweise innere Schwächung durch Erschöpfung. – Etwas flegelhafte Gleichgültigkeit und Unbekümmertheit (»Hoppla, da bin ich«), die glaubt, mit Mißlichkeiten oder Gefahren spielend fertig zu werden.
Der Stuhlkantensitz, bei dem nur die Sitzhöcker knapp auf der Vorderkante des Stuhles aufruhen, bei aufrechter Wirbelsäule und voller, durch nichts getrübten Zuwendung zum Partner: hochgradige Interessiertheit am Gegenstand, aus der hohe Konzentration über längere Zeit hinweg bzw. akuter Wille zu aktivem Handeln erwächst, ganz »da« sein in ständiger seelisch-geistiger Aktion. Öfter zu beobachten in Verhandlungen, wenn es um brennend aktuelle oder gewichtige Themen geht, bei aktiven Seminarleitern oder bei Konzentration auf einen Partner, der gleich aufstehen wird.
Das Sitzen in Sprungbereitschaft oder der nur provisorische Stuhlkantensitz: Mindestens mäßige bis starke Gespanntheit im ganzen Körper, aufrechter bis leicht nach vorn gebeugter Oberkörper (kein bequemes Anlehnen), Position von Beinen und Füßen so, daß sofortiges Aufstehen möglich (kein lässiges In-die-Gegend-strecken oder Übereinanderschlagen), z. B. eine Fußsohle unter dem Sitz voll auf dem Boden aufruhend, der andere Fuß mit angehobener Ferse in Ab-

sprungposition dahinter; in ausgeprägten Fällen beide Hände oder wenigstens eine auf Stuhlkante aufgestützt, um schnellstes Aufstehen zu erleichtern (oft in öffentlichen Transportmitteln kurz vor dem Aussteigen gut zu beobachten): Denkbare Unbehaglichkeit und Unsicherheit, gleichsam Alarmstufe eins, Gefühl der Bedrohung, der man am liebsten auf der Stelle entgehen möchte je nach sonstigen Kennzeichen durch Flucht, durch aktive Tatbereitschaft aus entschiedener Selbstbehauptung oder gar durch Gegenangriff bei entsprechender Aktivität. Diese Haltung ist typisch für unsicher-ängstliche Naturen (eher Passivität) und für argwöhnisch-mißtrauische (eher Aktivität im Untergrund).

Bewegungsweise, speziell Gangart

Es ist bezeichnend, daß uns gerade auch von der Bewegungsweise her aus der Sprache des Körpers außerordentlich viele treffende Worte in die gesprochene Sprache hineingewachsen sind, die entsprechende seelisch-geistige Zustände kennzeichnen. Um hier nur einige aufzuzählen, denen an der zuständigen Stelle später noch eine Fülle weiterer folgen werden:

– Zuwendung, Zuneigung, Entgegenkommen, Mitgehen, hochfahrend, aufrecht, Rückgrat haben, erhobenen Hauptes
– Abwendung, Abneigung, Abkehr, Zurückhaltung, sich verschließen, Abwehr, niedergedrückt, sich ducken, gesenkten Hauptes.

Ausgangspunkt für das Entstehen dieser Begriffe sind immer die Bewegungen des Körpers, speziell des Oberkörpers oder der Arme, zum anderen des Kopfes als Träger der Sinnesorgane: des Mundes, der Nase, der Ohren und der Augen.

Bewegungsrichtung

– *des Oberkörpers und Kopfes vorwärts,* also sich im Sitzen nach vorn neigen: innere Teilnahme, gesteigerte Interessiertheit, gleichgültig ob aus positiver, negativer oder streng sachlicher Einstellung. Bei aktiven, in Spannung stehenden Schülern oder Diskussionsteilnehmern zeigt sich darin zusammen mit Gesten der Ungeduld der Wille, etwas ganz

dringend zu sagen. Oder: Der überholende Autofahrer, dem das Überholen nicht schnell genug geht, neigt sich in seinem Sitz nach vorn dahin, wohin er rascher möchte.
– *des Kopfes, auch des Oberkörpers, seitlich:* Vermindertes Interesse oder gar völlige innere Abkehr (Langeweile).
– *des Oberkörpers, auch des Kopfes, rückwärts,* im Sitzen, auch im Stehen: Tendenz Abstand zu gewinnen, Ausweichen, Fluchtreaktion aus Bedenken, Angst oder Peinlichem-berührt-sein.
Dabei gleichzeitiges Vorstrecken der Arme mit Handflächen nach vorn: gesteigerte Abwehr, je nach Spannungsgrad rein passiv oder in ausgesprochener Angriffsbereitschaft.
– *nach oben:* Tendenz größer und überlegen zu werden. Der »Gernegroß« »will über sich hinaus«, um »von oben herab« zu agieren, Stärkung des Selbstwertgefühls:
+: Selbstbewußtsein, zuversichtliche Aktivität, »hocherhobenen Hauptes« etwas tun.
–: Selbstüberschätzung, Überheblichkeit, »von oben herab« sprechen und handeln, Angeber, »hochfahrendes« Wesen, »Großtuer«.
– *nach unten:* Tendenz kleiner zu werden, sich zu ducken, sich zu unterwerfen, Schwächung des Selbstwertgefühls:
+: Bescheidenheit, echte Demut, Selbstentäußerung
–: Selbstunterschätzung, Niedergedrücktheit des Traurigen, des Deprimierten, des Hilfe suchenden Bittstellers (»sich klein machen«), des »Kriechers«.
– *einwärts (sich zusammenziehen):* Wer sich verstecken, z. B. in einer Diskussion nicht äußern möchte, macht sich klein, unauffällig, senkt den Kopf, duckt sich oder schrumpft in seinen Gliedmaßen gleichsam zusammen. Er »geht in sich«, ist in seinem Ich gebunden, atmet auch weniger tief, hat das Gefühl der Beengung. Ebenso der Schüchterne, Verlegene, Kontaktscheue, Unsichere, von Furcht oder Scham Ergriffene, er wird »ein Häufchen Elend«. (Bei Trauer und Depression ziehen sich die Zellen zusammen:

Die Gefäßverengung führt zu Verminderung der Blutzirkulation, der Empfindlichkeit auf Reize und der Vorstellungstätigkeit.) Öfter zu beobachten, wenn jemand unnötigerweise ganz beengt mit dicht zusammengeschlossenen Beinen, eng anliegenden Armen und auf den Boden gerichteten Blick dasitzt, z. B. ein allzu schüchterner Bewerber.

– *auswärts (sich ausdehnen):* Wer sich in der Schule oder in einer Diskussion hervortun möchte, macht sich größer, auffälliger, hebt den Kopf, sucht Blickkontakt, beginnt schon den Mund zu öffnen, hebt die Hand und bewegt sie, atmet tiefer und schneller, er geht »aus sich heraus« und erweitert sich gleichsam in die Welt hinein. Ebenso sinngemäß bei der »stolzgeschwellten Brust«, beim »befreienden Aufatmen«, bei jeglichem inneren Überschwang, bei aufkommendem Glücks- oder Kraftgefühl. Genauso beim »aufgeblasenen« und »gespreizten« Wesen des Eitlen, des Angebers, des »Sichbrüstenden«, des Gecken und Wichtigtuers. (Bei Freude und innerer Beschwingtheit dehnen sich die Zellen aus: Die Gefäßerweiterung führt zur Steigerung der Blutzirkulation, der Empfindlichkeit auf Reize und zur Belebung der Vorstellungen.)

Bewegungstempo

– *schnell, flott, frisch wirkend:* entsprechend lebendiges Temperament, lebhaft, frisch, flott, kregel, lebendig, wendig; auch beschwingte Stimmung und Freude. (Viel Temperament bedeutet schnelle innere Verläufe, schnelles Sicherregen, rasch einsetzende Reaktion: Auf keinen Fall verwechseln mit der Stärke oder dem Maß an Vitalkraft, die sich erregt; sie kann stark oder schwach sein!)

– *zu schnell, hastig:* aufgeregt, unstet, hastig, nervös.

– *eher langsam, ruhig, gelassen:* gleichmütig, ausgeglichen, stetig, beständig, oft Wirkung von Überlegenheit und Gewinnung von Vertrauen.

– *ausgesprochen langsam, lahm, träge:* temperamentlos, schwunglos, schwer erregbar, schwerfällig, phlegmatisch, träge; auch niedergedrückte Stimmung und Traurigkeit.
– *sich steigernd:* Zeichen für Feuerfangen, für Impulsivität.
– *sich verlangsamend:* erlahmender innerer Impuls, Resignation, Mangel an nachhaltiger Kraft.
– *unter verschiedenartigen Umständen gleichbleibend ruhig:* nüchtern abwägendes Wesen, vorherrschend zweckmäßige Lebenseinstellung.
– *demonstrativ gelassen, dabei Charakter des Unechten:* immer forschen nach der Tendenz, eine überlegene Persönlichkeit darstellen zu wollen. Oft zu beobachten bei betrügerischen Hochstaplern, auch bei Snobs.

Bewegungsweite

Die ausgreifende oder weite Bewegung: zeigt Antriebskräfte, ist auffallend, zieht Aufmerksamkeit auf sich. Deshalb auch beim Angeber, Wichtigtuer, Geltungssüchtigen, Prahler: »Großspurigkeit«!
– *lebhaft ausgeführt:* Hat etwas Anspornendes, Packendes, auch negativ Beeindruckendes (z. B. zur Einschüchterung) an sich. Gebärde des Lebhaften, Impulsiven, Begeisterten, Freudig-Erregten.
– *ungesteuert-ausfahrend:* Hat etwas Hastiges, Unruhiges, Zielloses an sich. Verhalten des Fahrigen, Aufgeregt-Nervösen, Reizbaren, auch des Unbeherrschten oder Zornigen.
– *in Ruhe ausgeführt:* Hat etwas Imponierendes, ein gewisses Pathos an sich. Gebärde des seiner selbst Sicheren, Überlegenen, des echten Herrn, des Führenden (Herrscher, Prediger, Feldherrn u. dgl., die weithin sichtbare Zeichen geben!)
Die unscheinbare oder knappe Bewegung: unauffällig.

+: Bescheidenheit, Schlichtheit, denen äußerer Schein zuwider ist, Zurückhaltung, unauffällige Korrektheit und Geradheit, seine Gefühle bzw. Ergriffenheit beherrschender Mensch. Besonders wichtiger Befund bei Antriebsstärke, die an sich eine ausgreifende Bewegung nahelegen würde (»An-sich-halten«).
−: Vorsicht bis zu Mißtrauen, sich bewußt im Hintergrund halten, berechnende Untertreibung (»understatement«), harmlos erscheinende Unauffälligkeit als Waffe. – Antriebs- oder Vitalschwäche aller Art.

Distanzzonen im menschlichen Kontakt (Gesprächsentfernung)

Es gibt Menschen, die ständig *in fremden Lebensraum, in fremde Körperzonen hineingreifen,* und zwar durch häufige weite Bewegungen nach außen hin in dieser Richtung. Beispiele: Sich breit machen im fremden Bereich, zuviel Platz beanspruchen, dem andern auf die Schulter klopfen, seine Hand über Gebühr festhalten, sich mit Gegenständen aus seinem engeren Lebensraum befassen u. dgl. Diese Menschen geben unbekümmert, oft plump-vertraulich, in einem übermäßigen Umweltkontakt ihren eigenen Antrieben nach. Sie strahlen auf den anderen aus: »Sie sind für mich eine ganz nebensächliche Figur, deshalb haben Sie keinen persönlichen, intimen Bereich zu beanspruchen, er ist mir gleichgültig!«
Ähnlich wie das Tiere instinktiv tun, will auch der Mensch unbewußt ein bestimmtes Gebiet, ein bestimmtes Revier, einen Persönlichkeitsraum für sich allein haben. In ihm hat ausschließlich er selbst zu bestimmen. Eingriffe dahinein werden als ungebührlich oder aufdringlich zurückgewiesen. Im übertragenen Sinn sind es Verantwortungsbereich und Befugnisse. Die anderen müssen diesen Persönlichkeitsraum respektieren und sich danach richten. Davon wie sie

das tun, hängt ihr Erfolg mit ab, im persönlichen wie im beruflichen Leben. »Drei Schritte vom Leib« ist ein alter Warnruf.

Die verschiedenen Distanzzonen (nach dem amerikanischen Forscher Edward T. Hall):

1. Die »intime« Distanz: 0 bis etwa 40, maximal 60 cm 2. Die »persönliche« Distanz: etwa 0,4 bis etwa 1,5 m	Nahbereich
3. Die »gesellschaftliche« Distanz: etwa 1,5 m bis etwa 4 m 4. Die »öffentliche« Distanz: 4 m bis 8 m und mehr	Fernbereich

Die Vertrauensgewinnung wird wesentlich mitbestimmt dadurch, daß man aus einer weiten Distanz ohne Störung in den Nahbereich vordringt, so daß der andere sich dabei wohlfühlt. In Untersuchungen wurde übrigens festgestellt, daß nach innen gerichtete (introvertierte) Menschen vergleichsweise zu entschieden größerem Gesprächsabstand neigen als nach außen gekehrte (extravertierte).

Wer gegen diese natürlichen Zusammenhänge verstößt, zeigt, daß es ihm an Takt, an der richtigen Einschätzung der Persönlichkeit des anderen fehlt, daß er die dafür wichtigen Körpersignale des anderen, auch seine individuellen Statussymbole, nicht oder falsch sieht. Abwehr und entsprechende Nachteile bleiben nicht aus.

Genauere Darlegungen erübrigen sich für jeden einigermaßen empfindsamen Menschen. Auf verschiedene Folgerungen, die für die tägliche Praxis des menschlichen Kontakts und der Gesprächsführung bedeutungsvoll sind, wird später noch hingewiesen werden.

Verlaufsform der Bewegungen

Die exakt-gerade Bewegung bei mittlerem Spannungsgrad (Spannungsausgleich) und etwa gleichbleibender Geschwindigkeit: Vorherrschender Wille (ohne den eine exakt-gerade Bewegung nicht möglich wäre), gesteuerter, sachlich vorgehender Zweckwille bei zurücktretendem, relativ geringem Gefühlsgehalt. Diese Bewegung wirkt immer unecht, wenn eine Gefühlsreaktion angezeigt wäre, z. B. bei einer Beileidsbezeigung, die nicht aus dem Herzen kommt.
– *bei stoßweisem Beginn, hohem Spannungsgrad und rapidem Tempo:* unbeherrschte Nervosität.
Der bekannte Psychiater Ernst Kretschmer, der Begründer der Konstitutionstypologie (s. S. 67), betont die geradlinigen, verhaltenen Bewegungen der kühl rechnenden Zweckmenschen, der exakten Systematiker, auch der Herrennaturen.
Die vorherrschend exakt-gerade Bewegung führt zur eckigen Verlaufsform der Gesamtbewegung: Die verstandes- und willensmäßigen Antriebsmomente herrschen vor (daher das Taktmäßige der Bewegungsfolge), innere Disziplin, hohe Konzentration, auch Vorsicht, Mißtrauen, Zögern im Handeln, Sicherungstendenz. Die Bewegungsübergänge haben immer etwas Ungewandt-Eckiges an sich, oft geben sie den Eindruck einer Bewegungsstörung.
Die Bewegungsübergänge sind im einzelnen
– *exakt-regelmäßig:* »Willensmensch«, Disziplin, Selbstbeherrschung.
– *ungeregelt-ausfahrend:* Erregbarkeit, Reizbarkeit, Nervosität.
– *ausgesprochen steif wirkend:* Gehemmtheit, Gesperrtheit, Zwiespältigkeit.

Der gerundete Bewegungsverlauf erwächst aus einer stimmungsangereicherten inneren Einstellung, bei der die An-

triebsseite nicht allzu stark ausgebildet sein darf, z. B. Begrüßung von zwei Menschen bei wechselseitiger Sympathie durch Händedruck oder das ungetrübte liebenswürdige Lächeln, das gleichsam leise kommt und ebenso ausläuft.
Ernst Kretschmer betont bei den Zyklothymen (s. S. 68) die bald raschen, bald langsamen, aber immer runden und natürlichen, dem erregenden Impuls angemessenen Bewegungsabläufe in der Mimik und im ganzen Körper.
Entsprechend ist die gerundete Verlaufsform der Gesamtbewegung, also rund, weich, beschwingt, fließend, reicher an Ausgestaltung: relativ starke gefühlsmäßige Beteiligung (»Gefühlsmensch«), eher unbekümmert-sorglose Beziehung zur Umwelt, natürliche Anpassung. (Daher der klar vorherrschende Rhythmus in der Bewegungsfolge, s. S. 63 vgl. auch S. 117!) – Vorsicht: Keine Verwechslung mit der verwaschenen Motorik des an Spannung armen antriebsschwachen Menschen und des Depressiven!
Eine knappe, durchaus geregelte Bewegungsform ist heute häufig: sie kennzeichnet den Zweckmenschen unserer Zeit mit seiner Beherrschung und seinem bewußten Willen. Je mehr dieser Mensch in die Ganzheit hineinwächst, *um so lockerer und freier wird seine Bewegungsweise:* seine Gefühlsschichten sind dann ungleich stärker an allem mitbeteiligt. Die Ratio rückt wieder auf den ihr gebührenden Platz zurück.
Das in diesem Kapitel berührte und psychologisch so wichtige Problem von Rhythmus und Takt wird auch noch im Zusammenhang mit dem Gehen behandelt. Denn dort ist es ganz besonders von unmittelbarer praktischer Bedeutung.

Variationsbreite

Formenfülle, Formenreichtum, Vielfältigkeit der Bewegungen:
+: Hohe Empfänglichkeit und Aufgeschlossenheit des Ge-

fühlslebens, große Erlebensbreite, seelische Reichhaltigkeit, elastisch-vielfältiges Innenleben. – Stimmungslage: Momentane gehobene Stimmung und Freude (wenn nur vorübergehend) oder positive Lebensgrundstimmung von gehobenem und optimistischem Charakter, Heiterkeit (wenn ständig oder doch vorherrschend). – In sich geschlossener Mensch, ausgeglichen, volle Hingabe an das jeweilige Erleben.

–: Gefahr von Mangel an geistiger Disziplinierung, an Beharrung, also Labilität, Unbeständigkeit und Beeinflußbarkeit bis zu Suggestibilität, Gefühlsweichheit (besonders bei Spannungsarmut).

(Gewisse Verwandtschaft der Bewegungsvielfalt mit der rund-fließenden Bewegungsweise und der Bewegungsrichtung nach außen hin.)

Formenkargheit, Formenarmut, eintönige, monotone Bewegungen:

– *bei ausgeprägter Spannungsarmut:* geringe Aufgeschlossenheit und Ansprechbarkeit, Gefühlsarmut, monotone innere Welt, Stumpfheit, auch Blasiertheit. – Der Intellektualist, also der alles geistig zerlegende, skeptisch eingestellte Mensch ohne echte gefühlsmäßige Anteilnahme oder gar Vertiefung des Erlebten. – Gedrückte Stimmungslage.

– *bei Gespanntheit:* Der kalte Willensmensch, der entweder nur wenig Gefühle hat oder sie ständig vergewaltigt. – Totale Selbstdisziplin und monotone Beherrschtheit, z. B. das typische Pokergesicht gewisser Diplomaten und sonstiger Verhandlungsführer, bei grundsätzlich geforderter höchster Selbstbeherrschung von idealistischen, elitären Gruppen wie Berufssoldaten, gewissen geistlichen Würdenträgern, den Samurai des alten Japans. – Wird die (natürliche) Beherrschtheit zur (unechten) Verstellung, dann wirkt der Ausdruck starr und gleichsam gefroren, z. B. oft das Lächeln in Asien. – Spannungsverhältnis Empfindsamkeit/Empfindlichkeit und unbefriedigter Selbstschätzungstrieb: die ständig erlebte Bedrohung führt zu innerer Verspannung und Stauung, Mangel an Äußerungsfähigkeit, zu ständiger latenter Gereiztheit und entsprechender Komplexbildung. (Typisch für die schizothymen Hyperästhetiker im Sinne von Ernst Kretschmer.)

Die jetzt behandelte Variationsbreite der Bewegungen ist nicht zu verwechseln mit der Frage, ob das Gestik- und Mienenspiel stark oder wenig bewegt ist (Häufigkeit des Formenwechsels). Genaueres darüber, weil es vor allem dort von unmittelbarer Bedeutung ist, im Zusammenhang mit dem Mienenspiel (s. S. 106).

Speziell: Das Gehen (Rhythmus und Takt in der Bewegung)

Rhythmisches Gehen (Spannung und Lösung wechseln sich rhythmisch ab, die Hin- und Herbewegungen fließen glatt ineinander über): Aufgelockertes Wesen von gehoben-ausgeglichener Grundstimmung, keine Spannung im Sinne von besonderer Aufmerksamkeit, Kritik oder Handlungsbereitschaft; gewissermaßen spielerisch den augenblicklichen Vorstellungen hingegeben. Typisch für viele Spaziergänger, typisch bei vielen jungen Mädchen zu beobachten. – Der allgemein Frohgemute zeigt, ohne daß ein besonderer Anlaß dazu vorläge, gern ein beschwingtes Gehen (in gewissem Gegensatz zum zielstrebigen zu sehen). – Der Harmlos-Eitle hat im Genuß seiner selbst gern ein rhythmisch-wiegendes Gehen an sich.

Taktmäßiges Gehen (Vorwiegen der Spannung, geradlinige, eher straffe Bewegungsweise): Willensaktivität oder Zielstrebigkeit, die willensmäßig beherrscht wird; je ausgeprägter, desto mehr taktmäßiges Gehen, größere Schritte, je geradliniger der Weg, desto mehr wird der Oberkörper nach vorn geneigt.

Der Unterschied vom rhythmischen zum taktmäßigen Gehen ist oft beim Spaziergang zu beobachten, wenn sich plötzlich eine Idee einstellt, die zum sofortigen Handeln drängt. – Gutes Beispiel des getakteten Gehens ist der straffe militärische Marschtritt, besonders beim Exerzieren, im Extrem der altpreußische Parademarsch. Zum Problem von Rhythmus und Takt siehe auch Seite 117.

Der getaktete Rhythmus ist die Vorstufe des taktmäßigen Gehens, also das feste, beginnend straffe, aber noch deutlich rhythmisch wirkende Gehen bzw. Marschieren.

Störungen im rhythmischen Ablauf (stockende, gleichsam halbgebrochene Bewegungen, Stolpern, Anstoßen, Anekken u. dgl.): Man ist nicht ganz »da«, nicht ganz »bei sich«; dem Impuls stellen sich Gegenkräfte entgegen, daher die gewisse Zwiespältigkeit und fehlende Sicherheit: Befangenheit, Bewußtheit, Eigenbezüglichkeit, Mangel an innerer Freiheit, Schüchternheit. – Etwas nur mit innerem Widerstand tun, z. B. Schüler mit schlechtem Gewissen, der zum Lehrer gehen muß. – Auch niedergedrückte Stimmung, dann schleppendes, zögerndes, im Rhythmus gestörtes Gehen.

Merkmale des Gehens

Die wichtigsten sind: Schnelligkeit, Größe der Schritte, Spannungsgrad, mit dem Gehen gekoppelte Bewegungen des Körpers, Stellung der Fußspitzen (siehe unter »Stehen«, Seite 50), (Auswirkungen des Schuhwerks, besonders bei Frauen nicht vergessen!).

Die folgenden Unterschiede braucht man nur richtig zu sehen, was zumeist Übungs- und Erfahrungssache ist. Dann bietet sich für den unverfälscht empfindenden Menschen die richtige Auswertung oft von ganz allein.

Die schnelle oder langsame Gangart ist abhängig vom Temperament und der Antriebskraft: fahrig-nervös – lebhaft und aktiv – ruhig und gelassen – bequem und träge (z. B. bei lässiger, schlapper Körperhaltung usw.).

Weitausgreifende oder große Schritte (häufiger bei Männern als bei Frauen): Eher Extraversion, Zielstrebigkeit, Eifer, Unternehmungslust bis Mußelosigkeit, tatkräftiges Handeln, Aus-sich-herausgehen, Zwanglosigkeit, eher sich frei entfaltendes Selbstgefühl. – Eher in die Ferne schweifendes, abstrahierendes Denken.

Kurze oder kleine Schritte (häufiger bei Frauen als bei Männern): Eher Introversion, An-sich-halten, Vorsicht, Berechnung, Anpassungsfähigkeit, Wendigkeit aus Berechnung und schneller Reaktion, Zurückhaltung, eher in der Äußerung eingeschränktes Selbstgefühl. – Eher sinnengebundene, konkrete Denkungsweise. – Man nehme diese Hinweise nur als »Arbeitsgrundlage« für weitere, präzise Überprüfung!

Betont große und langsame Schritte: Meist gewisse Darstellungsabsicht, Wirkung in Richtung Pathos. Es sind wuchtige und kraftvolle Bewegungen, die die Stärke oder Bedeutung der Persönlichkeit demonstrieren sollen. Frage: echt? Sie sind allenfalls beim ausgeprägten Athletiker natürlich. Auf der anderen Seite Schwerfälligkeit.

Auffallend kleine und dabei schnelle Schritte, die rhythmisch oder im Takt gestört sind, nervös erscheinendes Getrippel: Aufgeregtheit, Ängstlichkeit in allen Schattierungen, bewußt oder unbewußt. (Unbewußter Zweck: Jeder Gefahr auf der Stelle ausweichen!)

Gespannte oder gelöste Art des Gehens: Siehe auch das Kapitel über den Spannungszustand Seite 31. – Hinter dem ausgesprochen lässigen Gang kann Interesselosigkeit, Wurstigkeit, Scheu vor Anstrengung und Verantwortung stehen oder bei vielen Jugendlichen Unreife, unmännlicher Mangel an Selbstdisziplin oder auch Snobismus.

Mitschwingen des Oberkörpers, und zwar bei jedem Schritt gewisses Nachvorndrücken der Schultern von der Hüfte her; Betonung demonstrativer Art eines jeden Schritts: Oft bei Kraftmeiern, die gar nicht so vital und kraftvoll sind, wie sie tun.

Rhythmisch-kraftvoller, etwas hin- und herschwingender Gang (Mitbewegen der Hüften), der einigen Raum beansprucht: Naiv-instinkt- und selbstsichere Natur, die unbekümmert im Sinn ihrer starken Antriebskräfte lebt und das ungeniert demonstriert.
Mitschwingen der Hüften bei Fortsetzung der Bewegung hinauf in die Schultern: Zumeist affektiertes, selbstgefälliges Wesen.
Dasselbe und/oder Mitschwingen des Gesäßes, oft bei Mädchen und jungen Damen: Von Affektiertheit bis zu harmloser vorübergehender Koketterie.
Der Gang aus stehenden Hüften heraus, besonders bei großen Schritten: Wirkung ausgesprochen männlich, kraftvoll, energisch (manchmal von bestimmten Frauen bewußt oder unbewußt »aufgesetzt«).
Der weiche schwingende Gang, keinerlei Spannung, Kraft oder gar Wucht im Vordergrund, sondern lockere, gelöste Bewegungen und entsprechend leichtes Mitschwingen der Hüften: Ausgesprochen weiblicher Gang, Gefühlshaftigkeit, erotische Wirkung auf Männer.
Schleppender, gleichsam hängender Gang, etwas schwer anmutende, weich-zerfließende Bewegungen: Scheu vor Willensbemühung und Anstrengung, Bequemlichkeit, Trägheit, Faulheit.
Das typische Schreiten, also durchaus beherrschtes Setzen der Beine (keinerlei Forcierung), ruhige, würdevolle, kraftvoll-federnde Bewegung bei aufgerichtetem Oberkörper, in sicherem Gleichmaß, nicht schnell und nicht langsam, weder verspannt noch lässig-ungesteuert, keine zu kurzen und keine zu weiten Schritte: In sich ruhende, selbstsichere, echte Persönlichkeit, die weiß, was sie will, die die Darstellung ihres Wertes durch forcierte Bewegungen nicht nötig hat.
Der gravitätische, stolzierende Gang, der etwas Theatralisches an sich hat, sozusagen das gewollte und nicht gekonnte

Schreiten; wenn z. B. beim eher langsamen Gang die Schritte relativ zu klein sind (Widerspruch!), wenn der Oberkörper betont und schon etwas übertrieben aufrecht gehalten wird, bei fehlendem oder gestörtem Rhythmus: von sich überzogener Mensch, Hochmut, Fehleinschätzung seiner selbst, Selbstgefälligkeit.

Steifer, eckiger, gestelzter, hölzerner Gang (unnatürliche Spannung in den Beinen, der Körper kann nicht natürlich mitschwingen): Gehemmtheit, Kontaktmangel, Schüchternheit, Unfähigkeit zur freien Äußerung, daher Überkompensation in Richtung Versteifung, Verspannung, Verkrampfung. – Oder aus Mangel an Vitalität, an Antriebskraft, also innere Schwäche.

Unangemessen schwungvolles Gehen, betont große und schnelle Schritte, auffallendes Schwingen der Arme nach vorn und hinten: Die vorhandene und demonstrierte Aktivität ist oft nur inhaltsleere Geschäftigkeit und Betriebsamkeit um ihrer selbst willen.

Ständiges Nach-oben-wippen (über den versteiften Fuß): Drang nach oben, geleitet von einem Ideal, von Machttrieb, von Überheblichkeit, speziell auch von intellektueller Überheblichkeit (siehe auch S. 50!).

Zusammenhang mit den Körperbautypen Ernst Kretschmers

Es würde den Rahmen des vorliegenden Buches und seine besondere Aufgabenstellung entschieden überschreiten, wenn hier auf die weithin bekanntgewordenen Körperbauformen der Kretschmerschen Konstitutionstypologie im einzelnen eingegangen würde. Auf der anderen Seite sind ihre Ergebnisse doch sehr interessant. Deshalb wurde die folgende klar gegliederte Übersicht über diesen gesamten Fragenkomplex hier eingefügt.

Der praktische Wert der Kretschmerschen Typen mag für die Beurteilung der einzelnen Persönlichkeit im Alltag aus

Die Körperbautypen nach Ernst Kretschmer

	Zyklothyme	**Schizothyme**	**Visköse**
Körperbautyp	*pyknisch* (rundwüchsig)	*leptosom* (schlankwüchsig)	*athletisch* (kraftwüchsig)
Körperliche Merkmale	breites, schildförmiges Gesicht, hohe gewölbte Stirn, schwach gebogenes Profil, oft Doppelkinn, Neigung zur Glatzenbildung, kurzer dicker Hals, gedrungene Figur, zarte Glieder, weiche Muskulatur, Neigung zu Fettansatz, kurze breite Hände	Gesicht steile oder verkürzte Eiform, scharfes Winkelprofil, oft vorspringende Nase, Kinnpartie zurücktretend, schmale, hagere Gestalt, oft aufgeschossen, schmale abfallende Schultern, langer magerer Hals, flacher Brustkorb, lange schmale Hände	derber Hochkopf, hohes Mittelgesicht, wulstige Augenbrauenbögen, mächtige Kinnlade, Boxergesicht mit stumpfer breiter Nase, massive robuste Gestalt, breite Schultern, schmale Hüften, kräftig entwick. Brust, große derbe Hände, pratzig wirkend
Psychische Eigenschaften			
Temperament	heiter-traurig	überempfindl.-kühl	phlegmatisch-explosiv
Gefühlsbereich	gutmütig, warmherzig, weich, einfühlungsfähig, humorvoll, ausgeglichen	sensibel, verhalten, erregbar oder stumpf, wenig einfühlungsfähig, nervös	unempfindlich, gleichmütig, dickfellig, gelassen, stabil
Willensbereich	elastisch, impulsiv, wenig zielstrebig und ausdauernd, beeinflußbar, wenig Selbstbeherrschung	gespannt, entschlossen, zielstrebig, konsequent, wenig beeinflußbar, starke Selbstbeherrschung	zäh, ausdauernd, belastungsfähig, steifnackig, widerstandsfähig, unlenksam
Denkbereich	vielseitig, konkret, praktisch, weitschweifig, mehr subjektiv, persönlich, flüssiger Gedankenablauf	einseitig, abstrakt, theoretisch, begrifflich, nüchtern, mehr objektiv, sachlich, oft sprunghaft	schlicht, verständig, gründlich, karg, trocken, oft pedantisch, wortkarg, wenig beweglich
Umweltverhalten	zugänglich, offen, gesellig, anpassungsfähig, mitteilsam, gewandt	zurückhaltend, verschlossen, wenig gesellig, korrekt, steif, förmlich	wenig ansprechbar, duldsam, passiv, gesellig, starr, ungewandt

mehreren Gründen hinter dem grundsätzlichen Wert für die Erkenntnis des eigenartigen Wesens Mensch zurückbleiben. Dennoch lohnt sich ihre genaue Betrachtung für jeden, der eine tiefere Einsicht in die naturgegebene Hintergründigkeit und Widersprüchlichkeit vieler Menschen gewinnen möchte. Die hier aufgewendete Mühe wird sich in jedem Fall reichlich lohnen.*

* Dafür sei entweder das Buch von Kretschmer selbst empfohlen oder das ausgezeichnete Buch von Rohracher oder das volkstümlicher geschriebene von Spieth. Beide behandeln das Thema recht ausführlich und klar. Genaueres siehe im Literaturverzeichnis am Ende dieses Buches.

Nebenstehende Tabelle stammt aus dem Buch »Menschenkenntnis im Alltag« von Rudolf Spieth, C. Bertelsmann Verlag Gütersloh 1967, Seite 137.

Gestik, im besonderen Arme und Hände

Arme

Schlaff am Körper herabhängende Arme: Passivität, keine Handlungsbereitschaft, Willenlosigkeit.
Mit leichter Spannung (Spannungsausgleich) herabhängende Arme: Innerlicher Ruhe- oder Ausgleichzustand, jedoch ständige Bereitschaft zu willensmäßigem Handeln.
Die zuerst schlaff herabhängenden Arme nehmen unvermittelt eine gewisse Spannung an: Eine vorherige willenlose Einstellung wird plötzlich von aktiver Handlungsbereitschaft abgelöst.
Verschränken oder Kreuzen der Arme über der Brust: Tendenz des Abstandgewinnens, Schutzwall, gewisse Isolierung, gewisses Abwarten.
– *Wenn einige Zeit in steifer Form beibehalten,* besonders bei zusätzlicher Versteifung im Körper: Kontaktscheu bei ausgeprägter Befangenheit, Selbstschutz für das bedrohte Selbstgefühl. Man »verschließt sich«.
– *Wenn bewußt oder unbewußt darstellende Geste oder Pose,* vor allem, wenn zusammen mit zurückgelegtem Kopf und Blick von oben: Darstellung von Überlegenheit, Eindruck machen wollen, gewisse Herausforderung (»Mit Dir werde ich spielend fertig, auch ohne meine Arme«), typisch für manchen Spieß angesichts seiner Kompanie, für manchen Lehrer oder Polizisten.
– In manchen östlichen Völkern oft zusammen mit einer Verbeugung, Geste von Ehrerbietung, Demut, Unterord-

nung (Die Hände als mögliche Angriffswaffe sind ostentativ zurückgenommen!).
Aufstützen der Arme in den Hüften: Siehe Seite 46!

Hände

Die Menschen haben seit jeher empfunden
oben: das Lichte, Helle, Hohe, Schöne, Gute, Erhabene, Ideelle und Ideale, den Himmel, das Göttliche. Nach oben weisende Gesten hängen mit Darstellung von Begeisterung, von Überzeugungen u. dgl. zusammen.
unten: das Dunkle, Schmutzige, Niedrige, Häßliche, Böse, Minderwertige, die Hölle, den Teufel, auch das Materielle, die Erde, den Grund und Boden, die uns tragen. Nach unten weisende Gesten wachsen aus diesem Zusammenhang. Sie drücken oft Niedergeschlagenheit, Depression, Verzweiflung aus.
»In gehobener Stimmung«, »beschwingt«, »mit erhobenem Kopf« im Gegensatz zu »erniedrigt«, »niedergedrückt«, »gesenkten Hauptes«! – Siehe auch unter »Bewegungsrichtung«, Seite 54!
Die Hände sind auf den Rücken gelegt (keine Aktionsbereitschaft):
– *wenn gewohnheitsmäßig:* Zurückgezogenheit, eher Passivität, Beschaulichkeit, Besinnlichkeit. – Auch zum Verdekken von Verlegenheit, Befangenheit, Bewußtheit, Ängstlichkeit (Beseitigung des Störfaktors Hände), dann immer gewisse Spannung ersichtlich.
– *wenn nur vorübergehend:* kurzfristige Besinnlichkeit auch bei aktiven Menschen oder kurzfristige Befangenheit.
– *als Darstellung* von selbstsicherem Abwarten bei Menschen, die sich ihrer Bedeutung und Überlegenheit bewußt sind, z. B. der Polizist an der Straßenecke, der Lehrer vor seiner Klasse, der Spieß vor seiner Kompanie (Verwandtschaft mit den vor der Brust verschränkten Armen).

Die geöffnete Hand weist mit der Innenseite nach oben: Geste des Darlegens, des Offenlegens.
– *Die vorgestreckten Hände werden von unten nach vorn oben bewegt,* wobei oft Oberkörper und Kopf niedriger werden: Gestik des Bittstellers, der etwas erwartet. Je nach Spannungsgrad und mimischen Begleiterscheinungen viele Spielarten von angsterfüllt bis aufdringlich.
– *Die sich öffnenden Hände werden langsam von oben nach vorn unten geführt,* in einer bogenartigen Linie: Gebärde des Schenkens, des wohlwollenden Weggebens (»Eine offene Hand haben!«). Dabei oft Öffnung der Arme zu den Seiten hin. Auch beim Darlegen von Gedanken und Überlegungen.
– *Dieselbe Bewegung in heftiger Form:* Man »knallt« dem Partner schroff etwas hin.
Die Hand geht Handfläche nach unten und mit gespreizten Fingern fast senkrecht zum Boden hin: Es wird etwas Unerwünschtes nach unten hin niedergedrückt, niedergehalten. Dabei erhebt sich oft der ganze Oberkörper leicht nach oben.
– *bei langsam-bedächtiger Bewegung:* »Äußerste Vorsicht!«
– *bei energischer Bewegung und Gespanntheit:* Etwas niederhalten oder niederdrücken in beherrschender Art, z. B. wenn der aufgebrachte Lehrer höchst energisch nach Ruhe verlangt.
Die Handflächen der erhobenen Hände weisen nach vorn auf den Partner zu:
– *bei ruhiger Ausführung:* Demonstration von Friedlichkeit (in den Händen ist nichts verborgen!), im Krieg oder in ähnlichen Situationen Geste der Selbstaufgabe (Hände hochnehmen!).
– *wenn in Spannung und mit gespreizten Fingern ausgeführt:* Geste der aktiven Abwehr (»Weg von mir, damit will ich nichts zu tun haben!«), bei gleichzeitig deutlicher Bewegung nach vorn: »Hinweg!«

Bewegung der Hand (Hände) nach außen mit Handflächen nach innen:
– *langsam-schwächlich nach unten hin ausgeführt:* Geste des Aufgebens, des Verzichtens, des Resignierens, typisch beim Wienerischen »Da kannst halt nichts machen!« – Gleichzeitig hochgezogene Schultern unterstreichen die Hilflosigkeit.
– *ruckartig von innen nach außen ausgeführt:* »Laß mich in Ruhe« auf einen Partner bezogen, sonst gleichsam Wegschleudern eines recht unerfreulichen Gedankens ähnlich dem Vertreiben einer aufdringlichen Fliege.
Eine oder beide Hände werden in die Tasche gesteckt: Vertuschung von Verlegenheit, Unsicherheit, Verlust an Unmittelbarkeit. Oft betont informelles, »legeres« Verhalten zur bewußten Kontaktförderung, in den USA weithin anerzogen.
– *wenn während des Gesprächs ohne Spannung oder gar betont lässig ausgeführt:* Demonstration von Gelangweiltsein, von Desinteresse, eine unhöfliche Geste.
– *wenn etwas ruckartig in intensiver Form* und bei nachfolgender Spannung im Schulter-Nacken-Arm-Bereich: Aufbrechende aktive Opposition, feindselige Einstellung, besonders bei entsprechender Augen- und Mundpartie.
Die Hand wird zur Faust geballt: Konzentration, Beherrschung von Erregung oder Ärger, Bemühung um Selbstbehauptung.
– *bei festem Blick auf den »Gegner«, offen oder verdeckt:* Aktive Kampfbereitschaft entweder bei einer Bedrohung zum Schutz oder bei eigener Aggressionslust, z. B. in der Wut, zum Angriff.
Die Hände reiben einander: Man überläßt sich einem angenehmen, höchst befriedigenden Gedankenbild, je nach Spannungsgrad aus aktivem Hintergrund oder mehr genießerisch-passiv. Oft zu beobachten bei eifrigen Geschäftsleuten in guter Stimmung, bei Geselligkeiten in der Vorfreude

auf ein erlesenes Mahl, auch im Nach-Genuß des »Dem haben wir's aber gegeben!«

Massives Aufstoßen der flachen Hand oder der Fingerknöchel auf eine Unterlage (Tisch): bei Überraschung, Unwille oder Zorn. »Das ist doch allerhand!«, »Jetzt reicht es mir aber!« Je mehr Spannung, um so mehr Aktionsbereitschaft explosiver Art.

Die flach ausgestreckte Hand, meist hochkant gehalten, geht in einer entschiedenen Bewegung nach unten oder mehrfach auf und ab: Geste des Zerschneidens oder Zerhackens, bei einer endgültigen Klärung oder Entscheidung, die mit voller Entschiedenheit zum Ausdruck gebracht wird, die keine weitere Erörterung mehr zulassen will.

Die Hand ergreift etwas oder zeigt die Bewegung des Greifens: Unmittelbares körperliches, materielles Zugreifen; zuweilen Kennzeichen von raffigen, übermäßig auf materiellen Besitz bedachten Menschen. – Mittelbares geistiges Ergreifen; bei geistig lebendigen, äußerungsgehemmten Personen, wenn sie nach einem treffenden Wort suchen (der »Begriff«) oder als Zeichen der Bemühung um anschauliches, plastisches Darstellen. – Aus einem Gefühl von Hilflosigkeit oder Bedrohung will man sich an irgend etwas gleichsam festhalten, z. B. an einem Rocksaum, Knopf, dem anderen Handgelenk, der anderen Hand (»die Hände ringen«). Also aus Angst oder Ängstlichkeit, Selbstbehauptungsdrang, Trotz, Verzweiflung, Verlegenheit, Scham. So kann man sich wieder »fassen«!

Die Hände spielen in irgendeiner Form:

– *bei Zeichen von Überspannung,* also gestörter Rhythmus in Geschwindigkeit und Ablauf der Bewegung: Nervosität, nicht mehr souverän beherrschte Gestörtheit oder Erregung, gewisses »Durchdrehen«, »Halt suchen«.

– *bei Spannungsausgleich,* also gleichmäßig-ausgeglichene Geschwindigkeit und rhythmisch ungestörter Ablauf: über der Sache stehen, von ihr nicht einseitig gepackt sein.

– *bei Spannungsarmut,* also in schlapper, lascher Art: Im Innern nicht berührt sein, Gleichgültigkeit, Desinteresse.
– *wenn in betont lässiger Form als darstellende Geste,* z. B. Trommeln der Finger auf den Tisch: Demonstration dieses Nicht-berührtseins, dieses Desinteresses. Durchweg als unhöflich oder ungezogen empfunden.
Handbewegungen, die das Gesicht oder Teile davon abdekken: Starkes Schamgefühl oder tiefe Trauer, sich ganz in sich selbst versenken (»Das Gesicht verhüllen«). – Verstecken, verbergen, verheimlichen, oft bei boshaft-überlegenem Kritisieren, um den verräterischen Mund abzudecken (»Sich ins Fäustchen lachen«). – Bewußtheit oder Verlegenheit; oft bei irgendwelchen Bewegungen nach dem Gesicht (»Sich an den Kopf fassen!«). – Es gibt noch weitere Möglichkeiten der Erklärung je nach der besonderen Situation und der besonderen Wesensart des einzelnen.
In einer wischenden Bewegung über die Stirn streichen: Wahrscheinlich Wegwischen eines unschönen Gedankens, eines unangenehmen Vorstellungsbildes.
– *wenn ganz langsam und bedächtig:* bedächtige Überlegung, Konzentration darin.
Die geöffnete Hand streicht langsam über etwas hinweg, was einen angenehmen Tastreiz vermittelt (ein weicher Stoff, vielleicht die eigene andere Hand): Feinfühlig-genießerische Lebensart, weiches Gemüt. Oft bei Frauen, fast ausschließlich bei kultivierten Menschen zu beobachten. Wenn der eigene Körper betroffen ist, geschieht es aus hintergründiger Ichbezogenheit, aus Selbstgenuß. Besonders etwa bei gleichzeitig verhängtem Auge und spannungsloser Kopfhaltung.

Finger

Der gespannt ausgestreckte Zeigefinger weist in den Raum: Hindeuten, hinweisen, Lenken der Aufmerksamkeit; direkt

und indirekt, also bezogen auf einen Denkinhalt. – Zeichen von Konzentration nach innen ohne Bezug zu anderen Menschen.
– *wird senkrecht vor die Gesichtsmitte gehoben:* Allgemeine Bedeutung »Acht geben!«, Erwecken von Aufmerksamkeit und Spannung.
Die Fingerspitzen tasten zart nach etwas: Empfindsamkeit, Feinsinnigkeit, Behutsamkeit, siehe den vorletzten Absatz!
– *Die Spitzen von Daumen und Zeigefinger einer Hand berühren sich,* während die anderen Finger, am meisten der kleine, abgespreizt werden: Hochgradige Aufmerksamkeit und Konzentration, die sich auf feinste Unterschiede richtet. Typisch für Feinschmecker, dann oft noch die Genießerschnute.
– *Die Spitzen der gespreizt gehaltenen Finger berühren sich leicht,* bei nahezu spannungslosen Händen: gleichsam feines Fingerspitzengefühl seelisch-geistiger Art am Werk, feinsinniges Miterleben von Eindrücken oder Vorstellungen.
Der Zeigefinger wird ausgestreckt an den Lippenrand gelegt: Unbewußtes Zuhilfenehmen des Tast- oder des Geschmacksinns. Gefühl der Unsicherheit, Geste des etwas hilflosen Ergründens, des Hilfesuchens.
Die leicht geöffneten Finger liegen über dem Mund (und Zeige- und Mittelfinger berühren die Nase): Der Mund wird gleichsam unter Verschluß gehalten, man ist ganz nach innen gewendet und horcht nach innen.
– *Die Augen sind dabei weit geöffnet in die unbestimmte Ferne gerichtet:* Besinnlichkeit, Nachdenklichkeit im Sinne des Sichhingebens an aufsteigende Gedanken oder Vorstellungen, um sie dann zu ergreifen.
– *Die Augen blicken zentriert auf einen Punkt oder Menschen,* besonders bei Spannung, z. B. Konzentrationsfalte: Jetzt stellt sich auf Grund des kritisch Erlebten aktive Tatbereitschaft ein.

Der Finger wird in den Mund gesteckt: Rückfall in die früheste Entwicklungsstufe der Geschmacksprüfung; infantil-kindliche Naivität, als gefährlich empfundene Überraschung, »Durcheinandersein«, oft Begriffsstutzigkeit. Keine willensmäßige Bemühung zum Verarbeiten des Erlebten, sondern naives passives Hingegebensein.
Die Finger halten den Mund fest zu: zur Verhinderung einer Äußerung, eines Ausrufs bei einer Überraschung, Impuls der Selbstbeherrschung. Oft bei jungen Leuten oder bei sich naiv gebenden Frauen zu beobachten.
Die Finger reiben Augen oder Ohren: Mittelbar Zeichen eines gewissen Unbehagens, etwa Mißstimmung über eine ungeschickte Äußerung, über eine gewisse Verlegenheit; nach einer Ausflucht suchen.

Händedruck

Jeder von uns gibt und empfängt täglich soundso viele Händedrücke. Die beiden Extreme kennen Sie alle: Einmal ein Händedruck, bei dem man am liebsten laut »Au« schreien möchte, und das andere Mal vermeint man, eine schlechtgestopfte Schlackwurst zwischen den Fingern zu haben. Dazwischen liegen ungezählte Variationen. Hier sind Sie ganz auf Ihr Einfühlungsvermögen angewiesen. Die Wissenschaft kann uns hier keine präzis bewiesenen Zusammenhänge aufweisen, weil die exakte Erfassung von Gefühlswerten nahezu unmöglich ist. Deshalb gelten die Gesetzlichkeiten des Ausdrucks hier jedoch nicht minder. Wir sind nur auf unser instinktiv-eindrucksmäßiges Urteil angewiesen. Und das ist in der Tat bei vielen Menschen recht ergiebig!
Wesentlich ist, daß wir es durch ständige bewußte Beobachtung schärfen. Dann läßt sich das feine Gefühl für das, worauf es ankommt, relativ rasch ausbilden. Ein einfaches Beispiel: Sie kennen jetzt drei Personen X, Y und Z, die Ihnen den Eindruck eines festen Händedrucks vermitteln. Wenn

Sie täglich nur zehn Händedrücke geben und empfangen, dann sind das in zehn Tagen schon hundert. Sollten Sie diese hundert tatsächlich ganz bewußt-kritisch auf sich wirken lassen (was im Augenblick viel Konzentration verlangt), dann werden Sie schon nach dieser kurzen Zeit durch die Ausbildung und Schärfung Ihres Gefühls feinere und ganz wesentliche Unterschiede erkennen; etwa:

– X gibt mir die Hand fest, aber bei aller Festigkeit doch irgendwie anschmiegsam-elegant. Seine Hand paßt sich der meinen an!
– Y gibt sie mir auch fest, aber da liegt etwas Starres in seinem Händedruck. Da muß ich meine Hand der seinen anpassen, wenn ich nicht das Gefühl haben will, gleichsam ein Stück Holz zwischen den Fingern zu haben!
– Z gibt mir seine Hand auch fest, aber da liegt etwas eindeutig Besitzergreiferisches in der Art, wie er die meine nimmt und hält. Da muß ich mich mit einem leichten Ruck wieder von seinem Griff lösen!

Sie können diese Gefühls- oder intuitiven Eindrücke getrost als sogenannte Arbeitsgrundlage für Ihre weitere bewußte Beobachtung und kritische Betrachtung von X, Y und Z werten:

– X: Fest, weiß was er will, kann sich aber an andere Menschen und Situationen anpassen.
– Y: Fest, weiß was er will, verlangt im kritischen Fall aber die Anpassung allein vom anderen.
– Z: Fest, weiß was er will, und er will viel; was er einmal in seinen Fingern hat, das hat er!

Mit der Schärfung Ihres kritischen Beobachtens und Ihres kritischen Auswertens oder Urteilens werden Sie bald auch das Gefühl dafür bekommen, wie weit Sie Ihrem instinktiv-intuitiven Urteil vertrauen dürfen und wie weit nicht.

Statt des allgemeinen Eindrucks, ein Händedruck sei: fest, zupackend, massiv, pressend, weich, schwammig, lasch, ohne jeden Saft, »so-nebenbei-gleichgültig« usw., stellen sich dann in vielen Fällen ganz spontan sehr viel präzisere Eindrücke ein. Und dann kann der individuelle Händedruck in seiner ganz besonderen Art von erheblicher praktischer Bedeutung sein.

Handformen und -arten

Ähnliches gilt, nur noch weit weniger allgemeingültig, vom feinen Erfassen der tausendfältigen Handformen und -eigenheiten. Es gibt da nahezu unendliche Unterschiede: dicke und dünne, kräftige und schwache, große und kleine, breite und schmale, lange und kurze, knochige und fleischige, usw. Sie können viel aussagen, allerdings nur solchen Menschen, die dafür speziell begabt sind. Es handelt sich hier ausschließlich um Intuition.
Schon der Philosoph, Arzt und Maler Carl Gustav Carus unterschied vor reichlich hundert Jahren vier Formen der Hand: die elementare (groß, dick, hart, derb: rohe Natur), die motorische (weniger derb: kräftiges, zupackendes »Temperament«), die sensible (die eigentlich weibliche Hand: zartfühlend, künstlerisch) und die seelische (die schöne Seele, für die z. B. Hausarbeit zu roh ist). Gelegentlich wurden und werden auch folgende Handformen unterschieden: Die primitive, motorische, die Denker-, die Gefühls- und die durchgeistigte Hand. Darüber hinaus gibt es noch eine Reihe weiterer Betrachtungsweisen.
All das ist vor- oder unwissenschaftlicher Natur. Der durchschnittliche Mensch kann damit nichts anfangen. Erst recht heute, wo Maschinen in hohem Maß die frühere Handarbeit übernommen haben. Dadurch hat die Ausformung der Hand hinsichtlich Knochen, Muskeln und Sehnen sowie die Durchformung der Haut in Gestalt von Handfalten und -linien durch das, was sie tagtäglich tut, so gut wie keinen Aussagewert mehr. Entsprechend bringen die wissenschaftlichen Untersuchungen bis heute nur äußerst bescheidene

Ergebnisse, über Handformen und Handlinien zu besonderen Feststellungen über Wesensart oder Charakter zu kommen. Der Handlesekunst (Chiromantie, Chirologie) darf und muß man also sehr skeptisch gegenüberstehen, soweit sie einen wissenschaftlich gesicherten Anspruch erhebt. – Dazu nur eine Bemerkung: Der eine fragt, was ihm die Zukunft bringt, und der andere gestaltet sie selber!

Anders sieht die *Betrachtung der Hand im Rahmen der Kretschmerschen Konstitutionstypen* aus. Im Rahmen dieser Typologie können die Hände wertvolle Hinweise geben.*

Leptosomer Typ: Schlanke, zarte Hand, die aristokratisch oder gotisch wirkt; schwach entwickelte Daumenballen, schmale und lange Finger, dünne und zerbrechliche Nägel. Gesamteindruck eher weiblich.

Pyknische Hand: Kurz, breit, gedrungen, paßt zur Rundlichkeit des Typs. Gut gepolsterter Handteller, weiche und mollige Hand. Kurze und dicke Finger. Typisch für den Manisch-Depressiven.

Athletischer Typ: Große, knochige und muskulöse Hand, durch den breiten Handteller rechteckige Form. Besonders kräftiger Daumen. Gesamteindruck typisch männlich.

Über diesen Zusammenhang wurde auf den Seiten 67 und 68 schon das im Rahmen dieses Buches Mögliche ausgeführt.

* Zitiert in enger Anlehnung an Rudolf Spieth, S. 228/229.

Mimik: Gesicht

Stirnfalten

Die Bewegungen der Stirnmuskulatur hängen eng mit der Aktivität der Augen zusammen, denn sie werden im wesentlichen von daher bestimmt.

Waagerechte Stirnfalten bilden sich zwangsläufig bei maximaler Öffnung der Augen (angehobene Augenbrauen): bei Erschrecken, Erstaunen, Hilflosigkeit aus Angst, Ungläubigkeit, Nicht-begreifen-können oder auch bei plötzlich einsetzendem Begreifen (»Aha-Erlebnis«). – In betonter Form bei Wichtigtuerei, wenn jemand mit aufgerissenen Augen eine seiner Meinung nach tolle Neuigkeit bekanntzugeben hat; oft bei Jugendlichen zu beobachten, aber nicht nur bei ihnen. – In betonter Form auch bei Hochmut, Arroganz, Blasiertheit; dann des öfteren nur einseitig ausgeprägt (Reserve!) und/oder Blick von oben herab. Vergleiche unter »Verhängtes Auge«! – Bei verhängtem Auge, um das Auge mit Hilfe der Stirn-Zusammenziehung wenigstens soweit öffnen zu können: entweder geistige Stumpfheit, Trägheit oder auch hochgradige Erschöpfung.

Senkrechte Stirnfalten über der Nasenwurzel sind das untrügliche Kennzeichen eines geistig fixierten Wollens, weshalb sie früher als »Willensfalten« bezeichnet wurden. Wir können sie treffend »*Konzentrationsfalte*« nennen. Die negative Begleiterscheinung im Sinn der Doppelwertigkeit ist die geistige Eingeengtheit, die sich weiteren Eindrücken und Gedanken verschließt. Körperlich kommen die senkrechten Stirnfalten dadurch zustande, daß der Augenbrauenrunzler den Augenringmuskel beim Einnehmen des streng zielgerichteten Blicks unterstützt.

Die praktisch bedeutsamen Erscheinungsformen dieser Konzentration:

– Konzentriertes Nachdenken

– Bewältigung einer schwierigen körperlichen Aufgabe (Pflügen, Feinmechaniker usw.): scharfes Fixieren der Augen nötig!

– Entschlossenheit, Kampfbereitschaft, Widerstandsleistung, Trotz: dann starke Spannung, verpreßter Mund

– Zur Aktion drängende Erregung, Zorn, Ärger, Wut

– Verarbeitung eines inneren Konflikts

– Bei oberflächlich-wichtigtuerischen Menschen, die ihre ganze Kraft auf Kleinigkeiten konzentrieren

– Bei unselbständig-ängstlichen Naturen, die schon bei geringen Schwierigkeiten ihre ganze Kraft zusammennehmen: dann offener Mund, oft Naserümpfen

– Vorsicht mit zu schnellem Urteil: Bei blendendem Licht zum Vermeiden des Augenschließens (Seemann, Bauer, Wassersportler usw.!)

Zugleich senkrechte und waagerechte, ineinanderfließende Stirnfalten, »Notfalten« (Lersch) genannt, die den Eindruck einer krausen oder wirr durchfurchten Stirn machen: Sicherer Ausdruck einer irgendwie gearteten inneren »Not«, von Gequältheit und Hilflosigkeit, von innerer Bedrängnis. Zu beobachten bei:

– situationsbedingter Bedrängnis besonderer Art

– hilflos-ängstlichen Naturen

– hilflos-leidenden Menschen (Not, Sorgen, seelischer Kummer)

– unfruchtbaren, sterilen Grüblern (»Selbstkocher«), oft bei Melancholikern

– »Denknot«: besondere Schwierigkeit in der geistigen Verarbeitung von Reizen und Eindrücken

– Minderbegabten, die bei stärkeren Eindrücken rasch in die Notsituation kommen.

Kinder zeigen die Notfalten sehr oft direkt vor Beginn des Weinens. Oder ein Bewerber zeigt sie im Vorstellungsgespräch, wenn auch noch so kurz, auf eine Frage hin, die ihn im Augenblick verwirrt.
Vorsicht vor zu schnellem Urteil: Die Längs- und Querfalten müssen *ineinander* überfließen, sie dürfen sich nicht sauber voneinander abtrennen (dann keine Notfalten!). Auch an die Auswirkung einer stark vorspringenden Stirn bzw. von tiefliegenden Augen denken!

Die Augen

Die Augen sind ein besonders wichtiges Organ. Nicht nur, weil sie dem durchschnittlichen Menschen dem heute knapp 80 % seiner sämtlichen Sinneseindrücke vermitteln, sondern vor allem auch als Ausdrucksorgan. Sie werden gern als Spiegel der Seele bezeichnet. Auch wenn die Augenphysiologen noch weitgehend im dunkeln tappen, was die Erklärung des Augenausdrucks anbelangt, so stellt sich doch in vielen Situationen spontan ein subjektiv untrügliches und treffsicheres Gefühl dafür ein. So wissen wir alle sofort, was gemeint ist, wenn etwa von weichen, sanften oder von harten, durchdringenden, stechenden Augen die Rede ist, von leeren, ausdruckslosen, abwesenden, glasigen, stumpfen, von glänzenden, funkelnden, blitzenden, glühenden, von freudigen, erregten, zornigen oder von traurigen, ängstlichen, leidenden Augen. Wir sprechen vom lachenden und vom weinenden Auge, und wir unterscheiden scharf den zarten, liebkosenden, verführerischen Blick, den bittenden, flehenden, den abweisenden oder den glotzenden. Der Blick eines anderen kann einen packen oder erregen, ein Blick kann mehr bewirken als viele Worte. So hat in der Tat wohl jeder ein mehr oder weniger ausgeprägtes Gefühl für den Ausdrucksgehalt der Augen. All das ist rational nicht oder nur sehr beschränkt zu erfassen. Dagegen läßt sich eine Fülle von Einzelheiten sehr wohl rational ergründen.

Öffnungsgrad

Das aufgerissene Auge: Dieses übernormal geöffnete Auge kündet immer von erhöhter optischer Bezogenheit auf die Umwelt. Oft sind Augen, Mund und Nase (aufgeblähte Nüstern) gleichzeitig weit aufgesperrt. Immer dann, wenn wir unbewußt ein Maximum an Reizen aufnehmen wollen, wenn uns nicht das Geringste entgehen darf:
– Erstaunen, Überraschung, Verblüffung, staunende Bewunderung (z. B. Kinder beim Anblick des Christbaums, unerwartetes Treffen eines Freundes auf der Straße).
– Plötzlich einsetzende höchste Freude (z. B. beim entscheidenden Tor im spannenden Fußballspiel).
– Erschrecken, Entsetzen (z. B. bei den Kapriolen des Seiltänzers); im Schock erstarrt das mimische Bild für eine gewisse Zeit.
– Höchste Neugier, hochgespannte Erwartung, Gier, in geminderter Form bei Hoffnung oder Sehnsucht (»Glotzen«, »gaffen«, etwas »mit den Augen verschlingen«).
– Totale Hilflosigkeit, Nicht-begreifen-können, völlige Naivität (z. B. bei der Antwort eines einfältigen Menschen auf eine Frage: »Höh?« oder »häh?« im Sinne von »Was ist da los?«).
– Plötzlich einsetzendes Begreifen (»Aha-Erlebnis«), für einen kurzen Augenblick, wenn »der Groschen fällt«, wenn es »zündet«.
– Das warnende Auge: bei intensivem Tadel oder Vorwurf; »Nimm Dich in Acht«; dann ernstes, gespanntes Gesicht.
– Das Antwort verlangende Auge: bei intensiver Erwartung nach dem Stellen einer Frage; »Schieß endlich los, ich warte darauf!«
Die besondere jeweilige Situation und die sonstigen mimischen Begleiterscheinungen sagen uns von selbst, welche Deutung zutrifft, z. B. das Erstarren oder das Leuchten der Augen, das Anheben oder das Nach-unten-senken der

Mundwinkel, Vorstrecken der Hände in Abwehrhaltung, Spannung oder Lösung der Energie allgemein, u. dgl.

Das voll geöffnete Auge zeigt ausgesprochen aufgeschlossenes Wesen, also hohe Empfänglichkeit von Sinnen und Seele-Geist, ständiges absichtsloses Aufnehmen der Umwelt (kein zentrierter, sondern Blick in die Ferne), allgemeine Gewecktheit. Darüber hinaus im einzelnen:

– Lebhafte geistige Vorstellungstätigkeit und Produktivität, vor allem bei vorwiegend intuitiver Geistesart (die Bilder kommen von selbst), z. B. das große Auge Goethes.

– Vorstellungen im Sinn von Einbildungen: Verträumtheit (oft bei Kindern zu sehen), Vor-sich-hin-dösen (typisch bei Fieberphantasien).

– Offenheit im Sinn von Vertrauen, Ausdruck des Naiven; typisch beim Kind (noch keine Reflexion auf den Partner).

– Der geborene Schwindler arbeitet bewußt mit dem unschuldsvoll geöffneten, Vertrauen ausstrahlenden Auge; deshalb Vorsicht bei irgendwie »glattem« Auftreten oder Wirken!

– Das freche Anblicken eines anderen ist zum Teil hier begründet: Der Freche sucht geradezu aufdringlich den Blick des anderen und vermeidet alles, was nach Ausweichen hin wirken könnte.

Das verhängte Auge, auch verschleiertes Auge genannt: Das Oberlid hängt mehr oder minder spannungslos herab und deckt den oberen Teil des Auges ab. Die Umwelt berührt einen nur noch zu einem Teil, zum anderen überhaupt nicht.

– Vorsicht vor falschem Urteil: Bei der Lähmung des Augendeckelhebers (Ptosis) ist die volle Öffnung des Auges unmöglich! – Im einzelnen:

– Geistige und willensmäßige Stumpfheit, Trägheit, Gleichgültigkeit, Antriebsschwäche, auch Resignation (dann: wenig Spannung, offenstehender Mund, geneigter Kopf usw.).

– Typisch als »Schlafzimmerblick«: Uninteressiertheit an der weiteren Welt, volle Hingabe an die Nähe des Geschlechtspartners. Besonders bei seitlich geneigtem Kopf und sonstigen Kennzeichen der seelischen Hingegebenheit.

– Blasiertheit, Überheblichkeit, Hochmut, Arroganz: Es ist die Mühe nicht wert, den Gesprächspartner oder die Welt allgemein auch nur richtig anzublicken (dann: Blick von oben, herabgezogene Mundwinkel, [einseitig] waagerechte Stirnfalten, halbseitiges Lachen oder Lächeln, gelegentlich ganz geschlossenes Auge, gelegentlich Abkehr des Gesichts).

– Starke Ermüdung bis zu Erschöpfung.

– Ausgeprägte Langeweile.

Der verengte Blick oder das abgedeckte Auge: Der Augenkreismuskel (orbicularis oculi) zieht sich zusammen, so daß nur noch ein Sehschlitz übrigbleibt (dasselbe, wie wenn Sie die Blende Ihrer Kamera schließen). So verhalten sich auch Kurzsichtige, die ihre verlegte Brille suchen. Ferner schneiden sich die Sehachsen im Blickpunkt. – Vorsicht: Kein Aussagewert bei starker Kurzsichtigkeit! – Im einzelnen:

– Unmittelbar: Ausgesprochen konzentrierte, auf einen Punkt gerichtete scharfe Beobachtung. Der so Blickende ist von einer Absicht getragen, die er aktiv verfolgt. Zusammen mit seitlichem Blick: Charakter des Lauerns, Verschlagenheit.

– Mittelbar: Hochgradige geistige Konzentration auf etwas ganz Bestimmtes, oft zu beobachten beim Aha-Erlebnis: »Ach so ist das!« mit Blick auf einen festen imaginären Punkt in der Unendlichkeit. Kritische Verarbeitung eines Gedankens aus einer bestimmten Einstellung heraus: Je nachdem zielgerichtete Entschlossenheit bei hoher geistiger Konzentration und Disziplin oder ihre Übersteigerung in geistiger Eingeengtheit, übermäßiger Kritik, Engherzigkeit, auch auf diesem Boden bei Mißgunst und Neid.

Der verengte Blick ist immer beteiligt beim sogenannten stechenden Blick mit seiner strengen, gefühlskalten Wirkung.
Beispiel: Jemand wird nach einem früheren Erlebnis gefragt, an das er sich ganz genau erinnern soll. Wenn er sich ernsthaft darum bemüht, nimmt er sofort den verengten Blick in die Unendlichkeit und geneigte Kopfhaltung (Hingebung an die damalige Situation) ein.
Das geschlossene Auge (ohne besondere Spannung): Sichabschließen gegen äußere Eindrücke, Sichzurückziehen auf sich selbst. Tagsüber meist nur ganz kurz, für wenige Augenblicke:
– Zumeist Ich-Isolierung zwecks besinnlichen Überdenkens.
– Genießerisches Auskosten von Sinneseindrücken oder Gedanken (im Konzert, bei einem Vortrag, in einem besinnlichen Gespräch, in der Sauna u. dgl.).
– Unauffällige Äußerung einer Bejahung oder unauffällige Verständigung, zuweilen verbunden mit einem nur angedeuteten Kopfnicken.
Das zugekniffene Auge: Unmittelbar als Schutzmaßnahme bei unangenehmen Reizen wie grellem Licht, Sand, Seife, die in die Augen geraten. Mittelbar auch bei rein geistigen schmerzhaften Erlebnissen oder ihrer Befürchtung, bei Unlust oder Mißvergnügen; z. B. schon bei der bloßen Vorstellung, eine saftige Zitrone auf der Zunge zu haben, oder eines ähnlichen bitteren oder sauren Geschmacksreizes, dann zusammen mit Naserümpfen (unangenehme Geschmacksreaktion).
Zukneifen nur eines Auges, Zwinkern:
– »Du bist durchschaut, ich habe dich erkannt!« Dann fester Blick auf den anderen, oft seitlich.
– Herstellen eines heimlichen Verständnisses mit einem anderen.
– Auch ein Zeichen der Koketterie zwischen den Ge-

schlechtern; dann seitlich geneigter Kopf und entsprechendes Lächeln.
Im Leben oft zu beobachten beim Listigen, beim Wichtigmacher, beim Aufdringlichen, beim Schwarzmarkt-Schieber u. dgl.
Das Weinen: Unmittelbar bei Reizung der Bindehaut zum Wegspülen des Fremdkörperchens, immer verbunden mit einem hilflosen Gefühl. Entsprechend auch mittelbar beim Gefühl des hilflosen Preisgegebenseins, zum Beispiel bei Trauer (Verlassenheit) oder Scham. Deshalb auch bei extremer Freude, die einen überwältigt, ebenso bei ohnmächtiger Wut, bei verbissenem Trotz.
– Wehleidigkeit, infantil-weicher Mensch, wenn schon bei geringfügigem Anlaß Tränen kommen. Möglicherweise auch bei echten, tiefempfundenen Mitgefühl.
– Berechnung (»Auf die Tränendrüse drücken«), Weinen als Waffe, besonders bei gewissen hysterischen Frauen. Wenn die erwartete Mitleidreaktion nicht eintrifft, hört es auf.
Das Blinzeln (Rasch wiederholter, vermehrter und unregelmäßiger Lidschlag): Unmittelbar zur Vermeidung von Unlust wegen Belästigung der Augen durch ein Fremdkörperchen, dann auch mittelbar bei seelischer Behinderung, negativem Betroffensein, Unsicherheit, Verlegenheit, möglich auch bei schlechtem Gewissen, bei Nervosität oder nervöser Störbarkeit.
Verengung oder Erweiterung der Pupillen kann gesteigertes oder vermindertes bzw. fehlendes Interesse kundgeben. Bei emotionaler Erregung, bei Angst oder Schmerz vergrößern sich die Pupillen, also bei gesteigerter innerer Spannung. Bei wachsender Lösung verkleinern sie sich, so im Zustand der Freude oder der lustvollen Hingebung an etwas. Diese Zusammenhänge sind noch nicht eindeutig erforscht und für die Praxis wegen der zumeist schlechten Erkennbarkeit auch nicht besonders bedeutungsvoll.

Blickrichtung

Der gerade Blick, der dem Partner aus voll zugewendetem Gesicht zugekehrt ist (siehe auch Kopfhaltung, Seite 48):
– Volles, ungeteiltes Interesse für den anderen von der Sache her.
– Menschliche Anerkennung des anderen, Achtung vor ihm.
– Ungestörtes natürliches Vertrauen, Offenheit, Bereitschaft zu direkter Auseinandersetzung ohne Hintertür (»gerader Charakter«, »gerades Wesen«). – Siehe auch »Der feste Blick«, S. 92!
Die vorwiegende Fern- oder Naheinstellung der Augen (ein »weit-« oder »kurzsichtiger« Mensch) ist im Zusammenhang mit der Blickrichtung in manchen Gesprächssituationen recht bedeutungsvoll. Sie ist eindrucksmäßig im allgemeinen sicher zu erfassen.
Die Augen sind in die unbestimmte Ferne gerichtet: Gedanken und Interesse sind auf ferne (nicht unmittelbar konkrete) Inhalte konzentriert. – Eher spekulativ-abstraktes Denken. – Besinnlichkeit, Nachdenklichkeit.
– *Der Blick durch die Augen des Partners hindurch ins Unendliche:* Eigenartige Mischung von Faszination und Aufreizung. Meist starke Verunsicherung des anderen, unfair, nicht ungefährlich wegen möglicher aggressiver Reaktion. – Auch ostentatives Nichtbemerken des Partners, der gleichsam Luft ist: betonte Mißachtung.
– *Naheinstellung der Augen* (zentrierter Blick): Auf die konkrete Situation bzw. die Realität der unmittelbaren Umgebung gerichtet. – Eher konkrete Denkungsweise, praktische Einstellung, gute Beobachtungsgabe.
Dem Partner abgewandter Blick auf einen fixierten Punkt im Raum: Eindruck des Selbstgesprächs, fehlende Beziehung zur menschlichen Umgebung, Selbstbezogenheit bis autistischer Einstellung (typisch beim Schizothymen). – Siehe auch S. 47/48!

Der seitliche Blick aus den Augenwinkeln heraus ermöglicht den Augenkontakt zum Partner, während das Gesicht von ihm mehr oder minder abgewendet ist (vgl. S. 48): keine volle Zuwendung, unauffällige heimliche Beobachtung aktiver Art, Reserve, Abstand, Skepsis, Mißtrauen. Bei zusätzlich harmlosem Gesichtsausdruck oder/und Unbewegtheit der Gesichtszüge und des Körpers Verschärfung je nach der Situation.

– *bei aufgerissenen Augen:* verheimlichtes Entsetzen, verborgene Angst.

– *bei normal geöffneten Augen:* kritisch-abschätzende Reserviertheit, heimliche Neugier, versteckte Bereitschaft zum Handeln.

– *bei verengtem Blick:* Mißtrauen, sich bedroht fühlen, ganz wachsam auf der Hut sein, hinterhältiges Lauern, Mißgunst (»der böse Blick«), üble egozentrische Absicht, besonders wenn viel Spannung.

– *bei einseitig hochgezogenen Augenbrauen* und waagerechten Stirnfalten: autistisch gefärbte Reserviertheit und Eigenwilligkeit, strikte Ablehnung von Autorität aus Unsicherheit, die sich hinter Feindseligkeit verbirgt, oder aus übersteigertem Selbstbewußtsein mit ablehnender Geringschätzung anderer (oft bei Jugendlichen in der Pubertät zu beobachten).

– *schräg etwas von oben her über die Schulter hinweg:* ostentative Geringschätzung, Verachtung, Verächtlichkeit.

Vorsicht vor falschem Urteil: Der seitliche Blick kann auch die Folge sein von gewissen rheumatischen Erkrankungen der Halsmuskeln oder von Schwerhörigkeit, wobei das Ohr durch seitliche Kopfhaltung näher an den Sprechenden herangebracht wird. Dann natürlich kein Aussagewert!

Der Blick von unten (aus gesenktem Kopf):

– *bei wenig Spannung, gekrümmtem Rücken:* Unterwürfigkeit, Demut, Liebedienerei.

– *bei mäßiger Spannung* und leichten senkrechten Stirnfalten: Berechnendes, vorsichtiges Sichgeben je nach der versteckten Beobachtung, bewußt gesteuerte Haltung nach außen hin.
– *bei starker Spannung verschiedener Art:* von eigenwilliger Reserve feindseliger, auch überheblicher Art bis zu aggressiver Aktionsbereitschaft und Kampfeslust, besonders bei gespannt gesenktem Kopf und gespanntem Mund, s. S. 48!
Der Blick von oben herab (aus zurückgenommenem Kopf): Stärkerer Abstand aus Kritik, Gefühl überlegen zu sein, Selbstbetonung aus Überheblichkeit, echter Stolz, Hochmut, Verachtung, Verächtlichkeit, Herrschsucht.
Der himmelnde Blick, der aus normaler Kopfhaltung mit nach oben gedrehten Augäpfeln zum Himmel hinauf geht:
– *bei Gelöstheit (im Gesicht)* und wenn nur gelegentlich: tiefe religiöse Andacht, Entzückung, Verzückung, Hingabe an einen hohen, ethisch wertvollen Gedanken: »Der entzückte Blick«.
– *bei Spannung (im Gesicht)* und besonders wenn auffallend gleichsam als Pose: Bloße Darstellung von religiöser Andacht oder Bindung an hohe ethische Werte, Scheinheiligkeit, die ethischen Werte als unbewußtes Werkzeug zum Erreichen der egoistischen Ziele. Öfters zu beobachten bei Würdenträgern aller religiösen Organisationen, im Wirtschaftsleben selten; in der Politik häufiger, wenn auch nur angedeutet; dann aber von beachtlicher Bedeutung!
Der ausweichende Blick zeigt immer ein Ausweichen, ein Flüchten aus Unterlegenheitsgefühl heraus an: Unsicherheit aus Ängstlichkeit, übergroße Bescheidenheit oder Schüchternheit, irgendein Schuldbewußtsein. Typisch beim Vorstellen, wenn der eine dem festen Blick des anderen nicht gewachsen ist. Oder das Niederschlagen der Augen während des Gesprächs, um keinen Augenkontakt haben zu müssen.

Blickbewegung

Der feste fixierte Blick:
– *auf irgendwelche Objekte der Umwelt:* eindeutige Zielstrebigkeit (»Den Tatsachen ins Gesicht sehen«).
– *auf Menschen:* Selbstsicherheit, Selbstbewußtsein, Bewußtsein der eigenen Kraft und Wirkungsstärke, die aus vitaler Tiefe kommt, zumeist unbewußt kritische Betrachtung des anderen.

Wechselseitiger Blickkontakt Auge in Auge, dem beide standhalten: Wechselseitige Begründung von Achtung, beide stehen auf der gleichen Stufe des gegenseitigen Respekts. Die Basis ist insoweit immer absolutes Vertrauen zum anderen, völlige Offenheit und freimütige Äußerung zu negativen oder riskanten Punkten oder ein reines Gewissen, das keine Reserve nötig hat. In der naiven Form gut zu erleben im ganz offenen Blick des Kindes. Auch im Liebesverhältnis zweier Menschen, deren Blicke ineinandertauchen.

Der fixierte (übermäßig feste), gerade und gleichzeitig verengte Blick: Kritische Prüfung auf der Basis von Abstand und Mißtrauen, Aufdringlichkeit, Frechheit, Hinterhältigkeit, heimliche Absichten auch böser Natur, Aggressivität bis zu Sadismus: Der »kalte«, »stechende« Blick mancher Staatsanwälte und Kriminalisten in gewissen Fällen oder z. B. von frech und zudringlich sich benehmenden Männern gegenüber einer praktisch hilflosen Frau.

Der betont feste, gerade und bewußt offene Blick, den Raffiniert-Sichere, geradezu Abgefeimte zeigen, die »mit allen Wassern gewaschen« sind: Die demonstrativ vorgezeigte Offenheit ist hier nur Werkzeug zum bösen Zweck.

Die Augen sind fest auf den Partner gerichtet, Oberkörper und Kopf gehen gleichzeitig nach hinten: Abwehr bei Angriffsbereitschaft, besonders wenn Spannung in Kopfhaltung und Mimik.

Der abschätzend wandernde gerade Blick (d. h. immer mit

voller Gesichtszuwendung) von oben nach unten oder von unten nach oben oder von allen Seiten: Bei Bewunderung eines schönen Gegenstandes, Kunstwerks oder Anblicks, auch einer schönen Frau. Dabei entsprechender Ausdruck des genießerischen Entzückens um Mund (charakteristisches Lächeln) und Augen. – Bei aufmerksam-kritischer Betrachtung eines Gegenstandes, etwa bei Kaufüberlegungen. Dann nüchtern-kühler Ausdruck im Gesicht. – Der aggressiv-beleidigende, abschätzende Blick auf einen Menschen von unten nach oben, verstärkt durch wegwerfende Äußerungen wie »ppff« oder »pü«: Jemand abschätzend »mit den Augen mustern« oder »messen«.

Der unbestimmte Blick: Mangel an Eindeutigkeit des Ziels, Mangel an Festigkeit, an Konstanz. Typisch ist der diffuse Blick bei Betrunkenen und gewissen Geisteskranken: das haltlose Umherschweifen der Augen in verschwommener Form ins Unbestimmte.

Der ruhige träge Blick:

Der ruhige Blick: Sich ruhig-ausgeglichen einem Eindruck überlassen, entsprechende seelische Grundhaltung.

Der träge Blick: Die Ansprechbarkeit auf (optische) Reize ist mehr oder weniger herabgesetzt: Stumpfheit. Typisch für Bewußtseinstrübungen beim Erwachen.

Der lebhafte unruhige Blick:

Der lebhafte Blick:

+: Starke, oft durch Neugier gekennzeichnete Interessiertheit bis zu gewisser Betriebsamkeit; bei lebhaft bewegtem Kopf.

–: Besonders lebhafte verheimlichte Beobachtung; bei ruhig gehaltenem Kopf, also lebhafter Blick vorwiegend aus den Augenwinkeln heraus. Öfters zu sehen bei manchen Frauen, wenn sie eine fremde Wohnung betreten, und diese sofort in ihrem Sinn »überprüfen«.

Der unruhige Blick: Erhöhte Reizbarkeit auf Eindrücke, Störbarkeit, Flachheit des Erlebens, keine nachhaltige Willensbestimmtheit, Unbeständigkeit schon an der Grenze des Krankhaften.

Überschnelle, überhastete Bewegungen der Augen, die ständig ihren Ausdruck wechseln: Schon krankhafte Sinnes- und Reizempfindlichkeit, überstürzte Reaktionen, Kopflosigkeit; im Hintergrund immer ein unbestimmtes Gefühl der Bedrohtheit.

Sonderform: Charakteristisches Verdrehen der Augen, oft nach vorangegangenem Kontrollblick, um des »Ankommens« sicher zu sein: Verstohlene Mitteilung, daß man einer Situation überdrüssig ist, sich gequält fühlt, »Ich bin am Ende, Gott steh mir bei!«. Die verdrehten Augäpfel demonstrieren es.

Nasenbereich und Geschmacksreaktion

Aufblähen der Nasenflügel: Unmittelbar beim intensiven Einsaugen eines Duftes, auch in Erregung oder Zorn, um sich einen größeren Luftvorrat zu sichern. Mittelbar bei innerlich erregenden Eindrücken oder Vorstellungen. Wenn sich öfters wiederholend: Temperamentvoller Mensch von starken und nachhaltigen Gefühlen, also von echter Leidenschaftlichkeit, intensives Miterleben, Vitalkraft.

Nasenlippenfalte, die von den Nasenwinkeln zur Mundlinie hin verläuft: Wenn normal ausgeprägt, kein Ausdruckswert. Nur wenn auffallend tief eingeschnitten, Ergebnis von besonders intensiver ständiger Muskelspannung beim Sprechen, Lachen usw., daher treffend »*Intensitätsfalte*« zu nennen. Sie zeigt überdurchschnittliche Energie, Vitalkraft, Belastbarkeit an. Aber nur, wenn sie in der gesamten Länge tief eingeprägt ist. (Wenn nur im oberen Teil tief eingeschnitten: »Empfindlerfalte« siehe sogleich!) – Häufig zusätzlich vertikal verlaufende Falten auf der Wange zwischen Mundwinkel und Ohren, die allerdings auch andere Ursachen haben können.

Der bittere Gesichtsausdruck, unangenehme Geschmacksreaktion, Naserümpfen, »Empfindlerfalte« (Lersch): Dieser charakteristische Zug um Nase und Mund zeigt leichtes Auseinandernehmen der Kiefer, leichtes Öffnen der Lippen, leichtes Herunterstülpen der Unterlippe, leichtes Anheben der Oberlippe und damit Vertiefung der Nasenlippenfalte besonders an den Nasenflügeln und leichtes Anheben derselben, dadurch leichte Querfalten auf dem Nasenrücken, Heruntergehen der Mundwinkel, oft von Abscheu gekennzeichnetes Zukneifen der Augen und ans Weinen erinnernden allgemeinen Gesichtsausdruck, oft auch leichtes Zurückziehen des Kopfes: unmittelbares Ergebnis eines bitteren Geschmacks. Tendenz: kein aktives Ankämpfen, sondern erduldende Hilflosigkeit, allenfalls Von-sich-wegschieben, Sich-zurückziehen. Mittelbar dann auch bei geistigen Vorstellungen, Unangenehm-berührtsein, Mißvergnügtheit, aber keine aktive Gegenwehr, sich dem Erlebnis ausgeliefert fühlen, manchmal auch gewisse Verachtung oder Verbitterung. Typisch ist die Zimperlichkeit von kleinen Kindern.

Wenn schon bei schwachen unlusterregenden Reizen: Weichlichkeit, Willensschwäche oft von infantilem Charakter, Ausdruck von übertriebenem Ekel oder Abscheu.

Das Naserümpfen ist eng verwandt mit der Bitterreaktion. Es führt bei häufiger Wiederholung zur »Empfindlerfalte«: Durch das häufige Hochziehen der Nasenflügel wird das obere Ende der Nasenlippenfalte im Nasenwinkel tief eingeschnitten: »Empfindelei« (Lersch), Unlust, Unbehagen, Widerwille, Hilflosigkeit im seelischen Schmerz, Ekel. Häufig, aber nicht immer, gekoppelt mit gewisser Passivität und Weichlichkeit (im Gegensatz zum bewußt handelnden Tatmenschen).

Vorsicht vor zu schnellem Urteil: Bei mehr oder minder »aufgeschwemmter« Wange und auch bei seitlicher Beleuchtung kann sich leicht der falsche Eindruck einer

Empfindlerfalte einstellen. Die Nasenlippenfalte muß im oberen Teil, im Nasenwinkel, eingeschnitten, und es dürfen keine weichen, flachen Übergänge vorhanden sein!
Gleichsinnige sprachliche Äußerung: Bei besonderem Abscheu »äh« oder »bäh« (daher der alemannische Ausdruck »Bähmulle«) oder bei vorwiegendem Naserümpfen »iihh« oder »igittigitt«.
Der sauere Gesichtsausdruck (Strehle), das Fletschen der Zähne: »Sauer reagieren«: Aufeinandergepreßte Zahnreihen, nach beiden Seiten schlitzartig auseinandergezogene Lippen, entblößte Zähne, gleichzeitig scharfes zischendes Geräusch »ssss«, wie beim bitteren Gesichtsausdruck Schmalerwerden der Augen (Zukneifen nur in rein passiver Situation, z. B. Ertragenmüssen eines elektrischen Stromstoßes), jedoch kein Hochziehen der Nasenflügel. Für den Betrachter nur kleiner Unterschied zum bitteren Zug, aber beachtliche psychologische Bedeutung: Hier aktives Zur-Wehr-setzen gegen das Unlust erregende Moment, intensive Zusammenraffung der körperlichen Kräfte bis zur letzten Faser, Verteidigung in einem Anfall von Zorn oder »verbissener« Wut. Bei Kampfszenen im Erd-Nahkampf aller Kriege oft beobachtet. In unserem Lebenskreis nur sehr selten, und dann auch nur in den Anfängen zu beobachten, was man allerdings nicht übersehen sollte!
Der süßliche Gesichtsausdruck: Flaches Heranziehen oder Andrücken der Lippen gegen die Zähne, Verschließen der Lippen und damit des Mundes. Anlegen der Zunge an die Zahnreihen und leichtes Hochheben der Mundwinkel: Auskosten der Lust erzeugenden Reize und Geschmackseindrücke; gewisse animalische Reaktionsform. Dieser besondere Zug um den Mund zeigt eine gewisse süßlich angehauchte Sentimentalität an, Eitelkeit naiver Prägung, ein Sich-geschmeichelt-fühlen; wenn länger anhaltend: naive Selbstgefälligkeit, naive Eigenbezüglichkeit.
Der prüfende Gesichtsausdruck: Ähnliche Kennzeichen wie

soeben, dabei oft verengter Blick in die Ferne oder, beim Kosten einer Speise, prüfender Blick nach unten auf die Speise hin. Viel häufiger jedoch:

*Die prüfende Schnute**: Die Lippen werden in gleichsam zugespitzter Form nach vorn geschoben, sie können offen oder geschlossen sein. Unmittelbar beim Prüfen von Wein o. dgl., um ihn in vielfältigen Kontakt mit den Geschmacksnerven zu bringen. Mittelbar wird die prüfende Schnute beim Abschätzen oder Begutachten z. B. eines Kunstwerks eingenommen: Sorgfältiges, behutsames Abwägen, durch und durch bis in die Feinheiten kritisches Prüfen. Zugrunde liegt hochgradige Empfind*sam*keit mit meist entsprechender Empfind*lich*keit.

Der Genießermund, die Genießerschnute: Wie soeben bei der prüfenden Schnute, jedoch mit leichtem (vielleicht nur angedeutetem, aber eindeutigem) Anheben der Mundwinkel: Beim genießerischen Proben und Auskosten eines Geschmackseindrucks, manchmal beim Feinschmecker schon in Erwartung des Genusses. Mittelbar bei naiver Eitelkeit, etwa vor dem Spiegel beim wohlgefälligen Genuß der eigenen Person oder beim genießerischen Betrachten einer Kostbarkeit; manchmal verbunden mit hörbarem ans Schlürfen erinnernden Einatmen durch den Mund. Auch Schmeichler zeigen diese Geste gern.

Besondere Ausdrucksformen der Lippen

Außer den beiden soeben behandelten Arten der Schnute sind noch die folgenden von praktischer Bedeutung im Leben.

Die Protestschnute: Nahezu die gleiche Erscheinungsform wie die Genießerschnute, lediglich leicht geöffneter Mund

* Die folgenden Betrachtungen zur speziellen Mundformung der »Schnute« lehnen sich eng an die Untersuchungen und Darlegungen von Strehle an (siehe Literaturverzeichnis).

(vorn also offen), aus dem Zusammenhang der Situation jedoch sicher als Form des Protestes erkennbar: »Eine Schnute machen« oder »ziehen«, bei Frauen »schmollender Mund«. Beim Wegschieben der Mutterbrust durch den satt gewordenen Säugling entsteht diese Schnute. Ähnliche Mundform wie beim spuckenden Erwachsenen. Oft begleitet von erbosten, weitgeöffneten runden Augen (»Kulleraugen«); oft verbunden mit einem protestierenden »ooh« oder »oho«. Ausdruck von Unmut, Protest, Groll, Trotz, Verdrossenheit.

Die Verblüffungsschnute: Normalerweise öffnet sich der Mund bei totaler Verblüffung maximal. Bei innerem Widerstand dagegen bleibt die Öffnung unterwegs »hängen«: die Schnute des Verblüfften. Oft begleitet von glotzenden Augen, die den Grund der Betroffenheit verständnislos anstarren.

Die Sorgenschnute: Bei fortwährender Sorge bildet sich die schmerzlich-besorgte Schnute, zugleich die Mundformung für das Aussprechen des Schmerzensrufs »ooh«. Oft begleitet von starren Augen, die ins Leere hineinstieren.

Sich auf Lippe oder Zunge beißen: Festhalten von Lippe oder Zunge, um einer zu schnellen Äußerung vorzubeugen. Bei Überraschungen, besonders solchen peinlicher Art, wenn man sich getroffen weiß und im Augenblick hilflos ist, ohne in der Hilflosigkeit verbleiben zu wollen: Suchendes Abwarten bei prinzipieller Selbstbeherrschung, also kein Sich-gehen-lassen.

Das Lecken der Lippen: Als Nachgenuß zum genießerischen Auskosten der letzten Geschmacksreste (bei Vier- und Zweibeinern), oft auch als Vorgenuß bei der bloßen Vorstellung: »Sich die Finger danach lecken«.

Die Zunge tastet den Lippenrand entlang gleichsam spielerisch, dabei nachdenklicher Blick: die Zunge als Tastorgan, man will sich über etwas in besinnlicher Form klar werden. Bleibt der Mund dabei geschlossen, sieht man die Zunge

zwischen den Zahnreihen die Wange entlangstreichen: ein Stück Selbstbeherrschung und sozusagen latente Aktivität ist noch wirksam.
Mitbewegungen der Zunge mit jeder Handbewegung bei kniffliger Handarbeit (Buchstabenmalen des Schulanfängers, Einfädeln eines Fadens): Besonders sorgfältiges Vorgehen mit starker Gefühlsbeteiligung, bei Erwachsenen kindlich bis infantil anmutend, weil das rationale Denken den Körper noch nicht im normalen Rahmen »durchorganisiert« hat.

Mundwinkelverlauf

Nach unten gezogene Mundwinkel sind ein Teil der Bitterreaktion, hervorgerufen durch den Dreiecksmuskel oder Trauermuskel. Schon kleinste Unterschiede in der Lage der Mundwinkel zur Mundlinie führen zu wesentlichen Ausdrucksnuancen. Besonders bedeutungsvoll ist die Beachtung der äußersten Spitzen der Mundwinkel im Ruhezustand des Mundes, je nachdem ob sie eine, wenn auch nur leichte, aber eindeutige Tendenz nach hinten oben oder nach unten aufweisen. Vorsicht: Die Beleuchtung kann leicht täuschen!
Zurückgezogene angehobene Mundwinkel: Insgesamt positive Lebensgrundstimmung; zumeist verbunden mit erhöhter Spannung, insgesamt belebtem und heiterem Gesichtsausdruck, häufigem Lächeln, Verwischung aller Stirnfalten.
Gesenkte oder herabgezogene Mundwinkel: Insgesamt negative Lebensgrundstimmung; oft verbunden mit wenig Spannung, insgesamt unfroher Gesichtsausdruck. Im einzelnen:
– *Ohne Spannung herabhängende Mundwinkel, bei lockerem Mund:* Allgemeine Unfrohheit als Grundstimmung, also ohne besonderen Grund, Mangel an Optimismus,

wenig Neigung zu spontanem Tun, Traurigkeit, Neigung zu rascher Enttäuschung und zu Verzicht. (»Ein langes Gesicht machen.«)
– *Gespannt herabgezogene Mundwinkel bei gespanntem Mund* (geschlossene Mundspalte, schmaler gewordene Lippen): Aktiv-negative Haltung, die auf ein besonderes Objekt bezogen ist, Wertaberkennung, Ablehnung, Abweisung, Ärger, Geringschätzung, Abscheu, Mißmut, Mißgunst, Neid, Spott, Hohn.

Der Mund

Öffnungsgrad

Der offenstehende Mund (Der Unterkiefer hängt schlaff herab, »den Unterkiefer herunterfallen lassen«): Mangel an Bereitschaft zu willensmäßiger Stellungnahme irgendwelcher Art, Mangel an Aktivität, passive Grundhaltung. Gleichzeitig fast immer Spannungslosigkeit und sonstige Kennzeichen der Passivität. Vorsicht vor falschem Urteil: Nicht zutreffend bei fehlender oder mangelhafter Nasenatmung (z. B. Polypen) oder auch bei ganz scharfem Hinhorchen auf schwächste Geräusche!
Hier zu beachten: Das gleichzeitige Aufsperren von Augen und Mund, siehe Seite 84!
Der normal geschlossene Mund (Entspannte Lippen, normale Lippenkontur, normale Ruhelage des Mundes): Kein besonderer Aussagewert.
Der betont verschlossene Mund (Deutlich wahrnehmbare Spannungen in den Lippen, es sind also Energien aktiv, keine Neigung zum Öffnen des Mundes): Entschiedenheit, Entschlossenheit, keine Neigung zu weiterem Sprechen und zum weiteren Verhandeln, konzentrierter Wille zum aktiven Handeln.
Der verpreßte Mund, der verkniffene Mund (mit Spannung

verschlossene, nach innen hin verkniffene Lippen, ein schmaler, bleicher, ausgesprochen kalt wirkender Mundstrich):

– Nachdrückliche Ablehnung jeder Äußerung, Abweisung (unerwünschter Nahrung schon beim Säugling!).

– Willensbestimmtheit, Entschiedenheit, Beharrlichkeit, Hartnäckigkeit bis Verbissenheit, Starrsinn, auch Gefühlskälte und Askese, die sich neben dem Schmerz auch die Freude verkneifen muß (»verkniffener Mensch«).

– Betonte Introversion, Eigenbezüglichkeit, betonte Reserve bis Kontaktscheu, oft bei empfindlichen Menschen und Sonderlingen, Neigung zu falschem Idealismus, zur Menschen- und Weltverachtung.

– Eigenwilligkeit, Tendenz zu Opposition, Trotz, Verstocktheit, Mißmut.

Der verpreßte Mund geht natürlich einher mit sinnverwandten Ausdrucksmerkmalen wie z. B. seitlichem Blick, Blick von unten, verengtem Blick, halbseitigem Lachen, heruntergezogenen Mundwinkeln. – Das feste Verschließen der Mundspalte durch Ober- und Unterlippe ist scharf zu unterscheiden von der folgenden Ausdruckserscheinung.

Besonderheiten zum Mund

Aufeinandermahlen der Kiefer, Aufeinanderbeißen der Zähne: Unmittelbar bei starker Kraftanwendung, in der Not oder im Kampf, zumeist in der Erregung, aus Angst oder Wut oder der Mischung aus beiden (Ausstrahlung auf die kräftigen Kaumuskeln): Bei leidenschaftlichem, intensivem Einsatz der Kräfte von geradezu verbissenem Charakter, verminderte Anpassungsfähigkeit (»Die Zähne zusammenbeißen«, »Sich in etwas verbeißen«); temperamentvolle Menschen, die zu rasch aufflammendem Zorn neigen. Im Untergrund nicht voll ausgelebte Vitalität.

– *Verpreßte, verspannte Kiefer* (Mahlen, Knirschen der

Zähne) werden ohne einen solchen oder ähnlichen äußeren Anlaß gezeigt: Allgemeine Verspannung im Sinn der Überspannung.

Der vorgeschobene Unterkiefer: Atavistisch zu erklären als Erleichterung des Gebrauchs der Reißzähne beim Urmenschen. Allgemein verstanden als Zeichen von Gewalttätigkeit oder Brutalität. Manchmal auch bei kultivierten Menschen zu beobachten, wenn sich in ihnen durch lebhafte Vorstellungsbilder schon vor einer gefährlichen Situation (körperlicher oder geistiger Art) oder erst recht während einer solchen äußerste Entschlossenheit zu riskantem Tun einstellt und sie kennzeichnet.

Die eindrucksmäßig-intuitive Beurteilung der Wirkung des Mundes ist für nicht wenige Menschen sehr ergiebig, wenngleich sie sich der wissenschaftlich-exakten Erfassung entzieht. Zumindest als sogenannte Arbeitsgrundlage kann sie wertvolle Dienste leisten, d. h. sie muß anschließend mit den rational erfaßbaren und erfaßten Zusammenhängen und Gesetzmäßigkeiten auf ihre Richtigkeit überprüft werden. Insbesondere die folgenden vier Unterscheidungen können gute Anregungen geben und sind in der Praxis vielfältig bewährt.

Wirkt der Mund:	*Dann allgemeiner Hinweis auf:*
voll?	Gesteigerte Lebendigkeit der Sinne, »Sinnlichkeit« des täglichen Sprachgebrauchs. (Vorsicht: Kleinkinder, die zu lange ihren Schnuller gebrauchen, können ihr ganzes Leben lang so »gezeichnet« sein durch einen angeblich sinnlichen Mund!)
weich?	Gesteigerte Gefühlshaftigkeit, typisch bei gewissen Frauen. Es fehlt sozusagen die Durcharbeitung der Lippen durch eine straffe Muskulatur.

scharf, scharf-geschnitten?	Intellektualität, d.h. schon einseitige Prägung der Gesamtpersönlichkeit durch die Vorherrschaft des Intellekts (relativ häufig bei hochgebildeten Franzosen zu sehen).
hart?	Einseitige Willensbestimmtheit im Sinne des verpreßten oder verkniffenen Mundes (S. 100).

Speziell: Das Lachen und Lächeln

Das Lachen ist besonders verräterisch. »Am Lachen erkennt man den Narren«. Es gibt ein frohes, heiteres, beschwingtes, unbekümmertes, schallendes, verbindliches Lachen ebenso wie ein polterndes, meckerndes, bitteres oder süßliches, ein schmutziges (»dreckiges«), giftiges, gehässiges, höhnisches, spöttisches, schadenfrohes, ein gemessenes, heimliches, verlegenes, verstecktes, ein gemachtes, geziertes, gekünsteltes, gequältes usw. Lachen oder Lächeln.

Beim Lachen werden die Mundwinkel nach rückwärts-aufwärts gezogen, vor allem durch den Jochbein- oder Lachmuskel (Zygomaticus und Risorius.) (Gegenspieler: der schon erwähnte Dreiecks- oder Trauermuskel.) Bei einer reflexgesteuerten, mehr oder minder rhythmischen Ausstoßung von gestauter Atemluft: Ausdruck von Frohheit, Freude, positiver Einstellung, Bejahung der Umwelt, als Grundlage des Humors. Entweder mehr in der Form der Heiterkeit (In-sich-ruhen, innere Freude, nicht abhängig von der Außenwelt) oder des Lustigseins (Aus-sich-herausgehen, dabei selbstbezogen, abhängig von der Umwelt).

Beim Lächeln liegen die Lippen eng an den Zahnreihen, und die Mundwinkel heben sich eine Kleinigkeit nach hinten oben: Schon der Säugling versteht das instinktiv als Zeichen von Bejahung, Wohlwollen und heiterer Stimmung.

Das offene Lachen:* Das eigentliche Lachen mit weit-

* Dieser und die folgenden Punkte lehnen sich zum größeren Teil an die Darstellung von Strehle an.

geöffnetem Mund. Der humorvolle Rundwüchsige (Pykniker im Sinn von Kretschmer) lacht mit dem ganzen Körper, beim weiblichen Geschlecht im rhythmischen Ablauf besonders deutlich zu beobachten.

– *Bei stärkerem Spannungsgrad* eingeschnittene lange Nasenlippenfalte: Im Untergrund Entschiedenheit, Aktivität.

– *Bei lockerem Lachen:* Eher Unbestimmtheit, Passivität.

– *Lachen auf a (haha):* Das ganz offene, aus dem Herzen kommende Lachen, befreiend, voll Einklang mit der Umwelt, ungetrübte Freude, unkompliziert, unbekümmert, naiver Frohsinn.

Lachen auf e oder ä (hehe, hähä): Nicht allzu sympathisch, hat etwas Meckerndes, Herausforderndes, Kesses, Scheelsüchtiges an sich, speziell das hähä etwas Schadenfrohes, Hämisches, Verächtliches. Hier ist immer eine gewisse Distanz enthalten.

Lachen auf i (hihi): Das Kichern, das in sich hinein erfolgt, es ist nicht das befreiende Lachen nach außen hin: Gleichsam heimlich, verschmitzt, Beimischung von Ironie und Schadenfreude, bei allerlei eigener Absicht. (Typisch für junge Mädchen).

Lachen auf o (hoho): Hervorzubringen nur durch Schnutenmund. Klingt prahlerisch-dröhnend mit einigem Zweifel, kritischem Erstaunen, Protestierendem, auch Hohnvollem und Trotzigem im Untergrund.

Lachen auf u (huhu): Im eigentlichen Sinn schon kein echtes Lachen mehr: Versteckte Ängstlichkeit, Furchtsamkeit, z. B. bei Gespensterfurcht des Abergläubischen.

Das vorbehaltlose lockere Lächeln: Je spannungsärmer, d. h. aufgelockerter es ist, um so liebenswerter und reizvoller: Ursprünglich erlebte Freude ohne jede störende Beimischung; vorbehaltslose Anerkennung eines Wertes, der außerhalb der eigenen Person liegt.

Das Schmunzeln: Geschlossene und einigermaßen gespannte Lippen, also gewisse Willensbeimischung: Einige

Zurückhaltung, keine vorbehaltslose Hinwendung. Erhöhte Aufmerksamkeit, eigene Meinung zum Erlebten, gleichsam verschwiegenes Mitgehen, aber keine negative Einstellung. Oft Charakter des Verschmitztseins: Meist Freude über eine heimliche Beobachtung, die man still genießt und bei sich behält.

Das Verlegenheitslächeln: Kein glatter, runder, organischer Bewegungsablauf, es wächst nicht natürlich, ist ganz unvermittelt da und ebenso plötzlich weg, am Rande der Grimasse: Es fehlt der echte Gefühlsinhalt, das Herz ist nicht dabei, mehr oder minder nur Pflichtübung, Befangenheit, Verlegenheit. Zum Beispiel bei Beileidserklärungen mancher Menschen gut zu beobachten.

Das verzerrte, negierende Lachen und Lächeln: In der Bejahung des Lachens ist mit den gleichzeitig heruntergezogenen Mundwinkeln zugleich eine Verneinung, eine Wertnegierung enthalten: Ironie, Besserwissen, Schadenfreude, Entsagung, Galgenhumor, Blasiertheit.

Das süßliche Lächeln: Mimisches Erscheinungsbild wie bei der süßlichen Geschmacksreaktion, die Lippen sind jedoch etwas gedehnt: Sehr von der eigenen Empfindsamkeit/Empfindlichkeit geleitet. Typisch für Bigotte und für Sentimentale, ferner für ausgemachte Schmeichler, die so die Wirkung des Umschmeichelten auf sie kennzeichnen.

Das Feixen: In Richtung Grimasse gehendes Lächeln, gewisse Verwandtschaft zur sauren Geschmacksreaktion; die beachtliche Spannung verrät die hintergründige eigene Absicht: Typisch beim Frechen und schon Abgefeimten, beim Herausfordernd-Hämischen. Die Vorstufe dazu ist das heuchlerisch gemachte und in jedem Fall unechte Lächeln. Zum Teil im sogenannten Ohrfeigengesicht des Volksmunds enthalten.

Das einseitige, schiefe Lachen und Lächeln: Auf der einen Seite Lächeln, auf der anderen heruntergezogener Mundwinkel, also innerer Bruch. Bedeutsam auch, wenn nur leicht

angedeutet. Keine vorbehaltslose Aufgeschlossenheit oder zwanglose Heiterkeit, sondern Reserve und Drang zu Negierung und Wertaberkennung, die sich aus Zweckmäßigkeit hinter gemachter Freundlichkeit verbergen. Also nur gewollte, unechte Frohheit. Je nach der Gesamtsituation selbstbewußt-kritisches Wesen, Spott, Sarkasmus, geringschätzig-überhebliche, ja gehässige Ablehnung. Extrem: die gequält anmutende *Grimasse,* die einen starren, vom Gefühlsleben abgespaltenen, jedenfalls nicht rund-fließenden Bewegungsablauf zeigt. – Das einseitig-schiefe Lachen ist öfters zu beobachten, wenn eine Respektsperson einen Witz erzählt, der bei den zuhörenden Untergebenen die Pflichtübung des Lachens zu bewirken hat.
– *Das »schiefe Maul« des Volksmunds* hat wenigstens zum Teil seine Ursache in der ständigen Wiederholung dieses mimischen Bildes mit seinem inneren Zwiespalt als Grundlage: einerseits »normale« Lebenseinstellung, andererseits kritischer Abstand mit seiner Wertnegierung. – Vorsicht vor zu raschem Urteil: Einseitige Muskelbehinderung kann vorliegen!
Das (lautlose) primitive Grinsen: Schwer zu beschreiben, zum Teil im schon erwähnten »Ohrfeigengesicht« enthalten. Primitive Triebschichten stehen so sehr über dem vernünftigen Denken und Wollen, daß sie die Äußerungen wesentlich mitprägen: Mangel an geistig-willensmäßiger Durchorganisation der Persönlichkeit, primitive Triebhaftigkeit, ordinär-primitive Schadenfreude, primitives Wohlbehagen etwa über das Unglück eines anderen Menschen. Letzteres tritt bezeichnenderweise oft bei Idioten auf.

Der Bewegtheitsgrad des Mienenspiels

Stark bewegtes Mienenspiel oder häufiger Wechsel der Ausdrucksformen: Die rasche Folge der Ausdrucksformen allgemein und der Mimik im besonderen zeigt die rasche Folge in der Aufnahme von Eindrücken und von inneren Erlebnissen an. Der betreffende Mensch kann sich seelisch rasch wandeln, ein bestimmter Bewußtseinszustand ist im allgemeinen nicht sehr nachhaltig.

– *Wenn gleichzeitig Formenfülle* (Variationsbreite, Vielfältigkeit der Bewegungen s. S. 61):

+: *Sichere und klare Bewegungen bei Gespanntheit:* Lebhaft, impulsiv, beschwingt, lebendig, gefühlsbetont, aktionsbereit, aktiv, lebensnah, vielseitig.

Stärker ausgeprägte Spannung in den Bewegungen: Der lebenspraktische Mensch, tatkräftig zupackend, optimistisch eingestellt, ideenreich, gewandt im Ausgleichen von Spannungen, burschikos-robust, wo es nottut, voll Temperament und Anziehungskraft auf andere Menschen.

Noch ausreichend sichere und klare Bewegungen, jedoch nicht so spannungsreich: Der überall gern gesehene, nette Witzbold, der naiv-selbstgefällige Angeber, der Heitere, Geschwätzige, stets von Plänen Erfüllte, dabei Unruhige, Oberflächlich-Betriebsame. Die Tätigkeit ist ihm wichtiger als das Ergebnis.

–: *Spannungsarme, flüchtig-labile, verwaschene, verschwommene Bewegungen:* Übererregbarkeit durch Außenreize, Preisgegebensein an äußere Eindrücke. Die Reize werden empfangen und ohne kritische Verarbeitung sofort in entsprechenden Reaktionen beantwortet: Oberflächliche Geschäftigkeit, ständiges Gestikulieren und Reden, Strohfeuertemperament, labile Euphorie, die plötzlich in Gereiztheit und Zorn wechseln kann, Gedankenflucht (Mangel an übergeordneten, richtunggebenden Leitgedanken). Es fehlt an innerer Gespanntheit, an hemmender Kraft in allen Lebensbereichen.

Viel Spannung und eckige, eckig-abgehackte Verlaufsform: Sprunghaftigkeit, Neigung zu plötzlichen Gefühlsausbrüchen, nervöse Forciertheit.

– *Wenn gleichzeitig Formenkargheit* (Monotone Bewegungen s. S. 62 die gleichen oder ganz ähnliche Bewegungen wiederholen sich oft): Erregungszustand, Gestörtheit, Unruhe, Hast, fehlende Anpassung an den einzelnen Reiz und an die Umwelt. Das Extrem ist die ständige motorische Unruhe, der ständige Bewegungsdrang des Pathologisch-Erregten um seiner selbst willen.

Besonders schnelle, heftige und ungesteuerte Bewegungen von Wiederholungscharakter, ähnlich dem Zappeln des Säuglings: Primitivreaktion zum Selbstschutz. Die starke Wirkung des Reizes bringt die höherentwickelten Bereiche außer Funktion, z. B. in der sogenannten blinden Wut (in der Luft herumfuchteln). Je weniger entwickelt und fest die Persönlichkeit, um so leichter geschieht es, deshalb besonders bei infantilen, nervösen, neurasthenischen und hysterischen Menschen zu beobachten. Zugrunde liegt immer ein oft nicht präzis zu fassender, durch ausgeprägte Unlust gekennzeichneter Erregungszustand, der nicht mehr verarbeitet werden kann.

Wenig bewegtes Mienenspiel oder seltener Wechsel der Ausdrucksformen: Vorsicht, nicht verwechseln mit geringem Formenwechsel, also mit Monotonie der Bewegungen; zwar seltener Wechsel, aber immer wieder zu verschiedenartigen Ausdrucksformen! Der seltene Wechsel weist auf Stetheit der inneren Vorgänge.

– *Wenn gleichzeitig verhältnismäßige Formenfülle* (s. S. 61: Stetigkeit, Nachhaltigkeit, Eindringlichkeit, Ausreifen der inneren Vorgänge, echte innere Ruhe, Ausgeglichenheit, Stabilität, Beständigkeit, geringe Ablenkbarkeit, Entwicklung echter Individualität, »Persönlichkeit«. Denn viele Umweltreize werden vom sicheren Instinkt gar nicht aufgenommen, sie »prallen ab«. Zurückhaltung, Gelassenheit, keine Voreiligkeit, besonnener, verläßlicher, überlegener Mensch. – Bei verminderter Aktivität (Antriebsstärke und Temperament) Beschaulichkeit und nach außen hin Bequemlichkeit.

– *Wenn gleichzeitig Formenkargheit* (Monotone Bewegungen, s. S. 62: Seelische Armut, seelische Leere, seelische Eintönigkeit. »Leeres Gesicht«, »nichtssagender Mensch«! *Bei zusätzlicher Spannungsschwäche* (Antriebsschwäche und Temperamentlosigkeit): Stumpfheit, Apathie, Lahmheit, Langeweile, völlige Gleichgültigkeit. Oft verbunden mit Depression, Gedrücktheit, Trauer, Melancholie. Bei stärkerer Ausprägung sicheres Zeichen für pathologischen Zustand (Stupor). In gemindertem Maß bei »Normalen« als Schwermütigkeit, allgemeine Gehemmtheit, Sichverlieren in ständiges Grübeln. – *Vorsicht vor vorschnellem Urteil:* Auch bei einer nicht wesensbedingten körperlichen Schwäche vorübergehender Art, z. B. als Folge einer Krankheit, können diese mimischen Erscheinungen auftreten!

Anhang:
Erröten (Erweiterung der Blutgefäße): Bei Erregung, Wut, bei Freude, auch bei Verlegenheit oder Scham.
Blaßwerden (Verengung der Blutgefäße): Bei Schreck oder Angst, bei Hilflosigkeit einer drohenden Situation gegenüber.

Übersicht: Die wichtigsten mimischen Erscheinungen des Gesichts

Die folgende Übersicht faßt die in der Praxis wichtigsten mimischen Erscheinungen des Gesichts zusammen. Sie soll dem Leser den Überblick über die anfangs vielleicht verwirrende Fülle der einzelnen Punkte erleichtern. Deshalb ist sie so aufgebaut, daß sie von oben nach unten ganz entsprechend dem natürlichen Gesichtsaufbau die Einzelheiten wiedergibt.

Die wichtigsten mimischen Erscheinungen des Gesichts

Stirnfalten:	waagerecht senkrecht (»Konzentrationsfalte«) zugleich senkrecht und waagerecht ineinanderfließend (»Notfalten«)
AUGEN:	*Öffnungsgrad:* aufgerissen, voll geöffnet, verhängt oder ve schleiert, abgedeckt oder verengt, geschlossen *Blickrichtung:* gerade, seitlich, von unten, von oben, himmeln ausweichend *Blickbewegung:* fest – unbestimmt, ruhig – träge, lebhaft – unruhi
Nasenbereich und Geschmacks-reaktion:	Nasenlippenfalte (»Intensitätsfalte«): Naserümpfen (»Empfindlerfalte« Vorsicht: eingeschnitten!): unangenehme Geschmacksreaktion Der prüfende Gesichtszug
MUND:	*Öffnungsgrad:* offen, geschlossen, verschlossen, verpreßt, ve bissen (Mahlen d. Kiefer), vorgeschob. Unterkiefer (Eindrucksmäßiges Urteil: voll, weich, scharf, hart) *Mundwinkelverlauf:* Stimmungslage bzw. Lebensgrundstimmu *Im bes. Lachen und Lächeln:* volles offenes Lachen lockeres Lächeln Schmunzeln verzerrtes und einseitiges (»schiefer Mund«) Lachen u. Lächeln süßliches Lächeln Feixen primitives Grinsen
Kopfhaltung:	gespannt oder locker, aufrecht-gerade oder zur Seite geneigt

Bewegtheitsgrad des Mienenspiels:

stark bewegt (rasch aufeinanderfolgender Formenwechsel) oder wenig bewegt (seltener Formenwechsel)
verbunden mit *Spannungsgrad* und *Variationsgrad*

Sprechweise

Seine Stimme ist in ihrem Gesamteindruck für den einzelnen Menschen charakteristisch; so weitgehend, daß wir manchen sofort beruflich einordnen können, wenn wir ihn nur sprechen hören, z. B. einen Berufssoldaten, Lehrer, Geistlichen. Bei verschiedenen Reihenuntersuchungen waren 60 bis 90 % der nur auf Stimme und Sprechweise beruhenden Urteile hinsichtlich Körpergröße, Dicke, Beweglichkeit, innerer Ruhe und Lebensalter richtig. Dabei lagen die rein gefühlsmäßig-instinktiv Urteilenden zu fast 88 % richtig, die verstandesmäßig Analysierenden aber nur zu knapp 20 %! Der durchschnittliche Mensch muß entschieden mehr auf den Inhalt seiner Worte achten als auf die Art, wie er spricht. Es handelt sich also dabei durchweg um unverfälschte, ursprüngliche Äußerungen. Um so aufschlußreicher müssen sie sein.

Die Zusammenhänge zwischen Stimme und Wesensart sind wissenschaftlich noch lange nicht einwandfrei geklärt, jedoch spricht eine hohe Wahrscheinlichkeit für die Richtigkeit der folgenden Angaben. Im konkreten Einzelfall verliere man aber nicht die nötige Kritik und das selbständige Urteil, das sich im Zweifel zurückhalten soll! Verschiedene der folgenden Beurteilungspunkte lassen sich nicht immer klar erkennen und sauber voneinander unterscheiden (besonders Stimmhöhe, Klangfarbe und Melos), was ihre Bedeutung nicht mindert.

Sprechgeschwindigkeit

Die Geschwindigkeit des Sprechens entspricht der vorherrschenden Temperamentslage oder dem sogenannten Lebenstempo. Sie ist willkürlich kaum zu ändern, höchstens kurzfristig. Bei echter innerer Beteiligung, z. B. bei aufwallender Erregung, bricht das artgemäße Sprechtempo sofort wieder durch.
Sichere Eindruckscharaktere: Langsam, ruhig, gemächlich, zögernd, schleppend, im Gegensatz zu: rasch, unruhig, hastig, übereilt, sich überschlagend.
Lebhafte, flotte bzw. hastige Sprechweise, rasches Sprechtempo:
+: temperamentvoll, lebhaft, impulsiv, lebendig, seiner selbst sicher, unbefangen sich äußernd (bei ungestörtem rhythmischen Sprechfluß).
−: bewußt, befangen, vielleicht nur wegen der besonderen Situation, unsicher (bei gestörtem Rhythmus) oder: aufgeregt, hastig, unbeständig, unbeherrscht (bei sich überschlagender Stimme, fast immer gepaart mit übermäßigem Gestikulieren).
Ruhige, langsame bzw. zögernde Sprechweise:
+: ruhig, gleichmütig, bedächtig, besonnen, beständig.
−: unbeweglich, untätig, träge, schwerfällig, oft auch befangen, zaudernd.
Sich steigernde Sprechgeschwindigkeit (und Gestik): Der Redende ist ganz bei der Sache, er begeistert sich an seinem Stoff.
Abnehmende Sprechgeschwindigkeit (und Gestik): Aufkommen von Bedenken, von inneren Hemmungen im Zusammenhang mit dem Gesagten, Verlust an Zuversicht, gewisse Resignation, auch Ermüdung oder Erschöpfung (Frage nach Vitalkraft!).
Auffallende Schwankungen der Sprechgeschwindigkeit: wahrscheinlich leicht erregbarer Mensch, Unsicherheit, Mangel an Ausgeglichenheit.

Lautstärke

Die große oder geringe Lautstärke ist im wesentlichen Ausdruck der starken oder schwachen ursprünglichen Vitalkraft und der aus ihr wachsenden Sicherheit. Aber Vorsicht:

– *Ist eine auffallende Lautstärke* echt oder im Sinn der Überkompensation einer zu verdeckenden Schwäche unbewußt nur gemacht (»Großmaul«, »den Mund vollnehmen«) ähnlich dem angsterfüllten einsamen Wanderer, der im Wald laut singt?

– *Ist ein auffallend leises Sprechen* bei allgemeiner Gespanntheit echt oder nur »Tarnung« sehr präzis verfolgter Absichten?

Große Lautstärke: Echte Antriebsstärke (Vitalkraft) oder Angeberei und Wichtigtuerei aus Mangel an Selbstkritik oder -beherrschung ähnlich Betrunkenen oder bei Wutanfällen.

Geringe Lautstärke bei ruhigem Redefluß: An-sich-halten, Zurückhaltung, Bescheidenheit, Takt, Unaufdringlichkeit oder wenig Vitalkraft, Schwächling.

Geringe Lautstärke bei zaghaftem Redefluß: Schüchternheit, Angst aus sich »herauszutreten«, Ängstlichkeit (»mundfaul«).

Starker Wechsel in der Lautstärke: Gefühlsbetontheit gemäß dem intensiven inneren Miterleben je nach der Gefühlserregung.

Geringer Wechsel in der Lautstärke: Disziplinierung des Gefühlserlebens (besonders bei großer Lautstärke) oder Mangel an Gefühlslebendigkeit.

Unregelmäßiges Schwanken einer an sich schon geringen Lautstärke: Mangel an Vitalität, an Durchhaltekraft, Neigung zu raschem Aufgeben bei ernsteren Schwierigkeiten.

Unklare, verschwommen wirkende Betonung oder Akzentsetzung: Mangel an innerer Teilnahme am fraglichen Gegenstand. Wenn allgemein: Mangel an Interessen und geistiger Lebendigkeit überhaupt.

Deutlichkeit oder Artikulation

Unser Empfinden für die besondere Sprechweise eines Menschen gibt uns oft den Eindruck des Klaren, Festen, Bestimmten, Präzisen, Sicheren oder des Unklaren, Unfesten, Verschwommenen, Verwaschenen, »Datschigen«, Unsicheren.
Klares und deutliches Aussprechen, scharfes Ausformen der Laute, auch der End- und Nebensilben, also sorgfältige Artikulation (deutliche Kieferbewegungen): Innere Disziplin, bewußte Durchformung und Lebenshaltung. – Bedürfnis nach Klarheit, Sicheinstellen auf den anderen. – Mangel an Lebendigkeit.
Unklare, undeutliche, verschwommene Aussprache und Wortkonturen (der Unterkiefer wird nur wenig oder kaum bewegt): Mangel an kritischer Selbstbetrachtung und innerer Durchformung, Nachlässigkeit, Unsicherheit, Weichheit, Willensschlappheit, schlaffe Bequemlichkeit. – Im eigenen Gefühlsempfinden gebunden, fehlende Einstellung auf den anderen.
Das Sprechen wirkt forciert deutlich, gleichsam überartikuliert, gemacht, manieriert, forciert, es zeigt häufig die vorgezogene Wortbetonung auf der ersten Silbe: siehe unter Rhythmus oder Sprechverlauf, Seite 119!
Tendenz zur Verundeutlichung der Sprache, z. B. in fast affektiert wirkender Sprechweise etwa gewisser hochgebildeter Engländer: Tendenz zur Verunklarung aus Selbstschutz, etwas forcierte Zurückhaltung, Selbstsicherungsstreben, Vermeiden einer eindeutigen Position, solange es nicht unerläßlich ist, sich unbewußt immer eine Tür offenhalten.
Normal klare und noch leichtverständliche, aber nicht auffallend sorgfältige Artikulation: Sich natürlich und echt gebender Mensch, ohne unbewußte Hintergründigkeit, wahrscheinlich auch eher ausgeglichene Natur.

Stimmhöhe

Sprechen in Kopfstimme oder -tönen: Denken und Sprechen mehr aus dem Intellekt, Bewußtheit.
Sprechen in sog. Brusttönen (die man eigentlich »Bauchtöne« nennen sollte, weil sie zwischen dem Zwerchfell und dem Beckenboden erzeugt werden): Denken und Sprechen mit emotionaler Beteiligung, ganz natürlich, nicht bewußt gesteuert (»Mit dem Brustton der Überzeugung«).
Hohe und zugleich schrille Töne: Ausdruck von Angst, von Erregung.
Tiefe Töne: Gelassenheit, Ruhe, auch Würde.
Der Redner, der etwas nachdrücklich und wirkungsvoll sagen will, spricht langsam und in ausgesprochen tiefer Tonlage. Er muß aber im Rahmen des natürlichen Spielraums seiner Stimme bleiben, sonst wirkt es unecht.

Klangfarbe

Die Klangfarbe ist für Menschen mit dafür empfänglichen Ohren von hohem Ausdruckswert (Telefon!). Der Klang der Stimme setzt sich aus der Mischung von Kopf- und »Brust«-Tönen zusammen. Ihr Mischungsverhältnis hängt von der emotionalen Beteiligung ab. Ist es harmonisch, dann haben wir die wohlklingende Stimme. Und nur dann! (Bezeichnenderweise gewinnt die Stimme von Menschen an Wohlklang, wenn sie ein belastendes Persönlichkeitsproblem aufarbeiten.)
Besonders sind die Ober- und Untertöne und die Klangfarbe der Vokale von Bedeutung. Sie bestimmen Wohlklang und Resonanz. Folgende Eindruckscharaktere sind uns allen geläufig:
dunkel, farbig, hell – warm, kalt – weich, sanft, hart, barsch, rauh – voll, tief, reich, dünn, flach, schneidend, scharf –

dumpf, pelzig, schmierig, fettig, ölig, schrill, kreischend, metallisch, blechern.
So werden seelisch-geistige Qualitäten unmittelbar erlebbar: am leichtesten Weichheit oder Härte, Wärme oder Kälte eines Menschen.
Die metallisch klingende Stimme spricht für Energie und Härte.
Die salbungsvolle, schwammig-fettige Stimme kündet von der nur gemachten Freundlichkeit, der nur zweckhaften Verbindlichkeit, bei stärkerem Stimmaufwand von falschem Pathos.
Im besonderen ist die folgende Unterscheidung wichtig, die man schon nach kurzer Schulung des Ohrs gut erfassen kann:
Das vokalische Sprechen (starkes Hervortreten des Klangs der Vokale): Temperaments- und Gefühlsbestimmtheit, also (nicht immer beherrschte) Gefühlswallungen, »Gemütsmenschen«. – Typisch ist der bayerische Dialekt: ietz gemma in dschui (= Jetzt gehen wir in die Schule), fui zfui gfui (= Viel zuviel Gefühl), etwas weniger ausgeprägt auch der fränkische: des was ia noni (= Das weiß ich auch noch nicht).
Das konsonantische Sprechen (die Vokale treten gegenüber den scharf akzentuierten Konsonanten in den Hintergrund): Verstandes- und Willensbestimmtheit, scharf analysierender Verstand. – Typisch ist das perfekte Französisch des Pariser Beckens, wie man es bei vielen hochintellektuellen französischen Politikern und Juristen gut beobachten kann.

Sprechmelodie oder Melos

Gemeint ist der Umfang, das Auf und Ab der Tonhöhe, auch Modulation genannt.
Schwacher Melos, also gleichbleibende Tonhöhe: Wirkung

monoton, langweilig. Die monotone Stimme hat immer etwas Gehemmtes, Verklemmtes an sich.
+: selten, bei Einhalten einer bestimmten Tonhöhe, was gar nicht leicht ist: beherrschte Energie, Disziplin, Sachlichkeit, Nüchternheit.
–: Mangel an Lebensaufgeschlossenheit, an Interessiertheit und Lebendigkeit, also geringe seelische Erlebens- und Variationsmöglichkeiten. – Befangenheit, Gehemmtheit, Lampenfieber. – Bei viel Redenden routinehafte Wiedergabe ohne echte innere Anteilnahme.
Starker Melos, also in weitem Umfang wechselnde Tonhöhe:
+: Aufgeschlossenheit, große Empfänglichkeit von Sinnen und Seele, vielfältige Interessiertheit, innere Lebendigkeit, reiches und vielfältiges seelisches Erleben, Gemütsreichtum bei innerer Freiheit (keine nennenswerten Hemmungen).
–: nur selten wohl auch Mangel an geistiger Diszipliniertheit, Mangel an intellektueller Durchformung der inneren Erlebnisse.
Abfallender Melos, also Abfall der Tonhöhe zum Satzende hin, bei gleichzeitig nachlassender Lautstärke: wahrscheinlich wenig Willenskraft, gewisse Weichheit, evtl. Neigung zu Depression.
Rhythmisches Schwanken des Melos: Ausgesprochen lebendige, dabei innerlich ausgeglichene Persönlichkeit von beachtlicher Gestaltungs- und Entwicklungsfähigkeit.
Unrhythmisches Schwanken des Melos, also unregelmäßiges, unmotiviert erscheinendes Fallen und Steigen der Tonhöhe: innere Unausgeglichenheit, fehlende Stabilität bis zu labilem Grundgefüge.

Rhythmus oder Sprechverlauf

Vom lebendigen Rhythmus, der immer wieder das Ähnliche (aber nie das exakt Gleiche) in ähnlichen Zeiträumen oder Abständen zeigt, ist der starr geregelte Takt scharf zu unterscheiden. Das Leben verläuft immer nur im rhythmischen Wechsel seiner Polaritäten (Sommer und Winter, Tag und Nacht, aktives Handeln und passives Ruhen, Auf und Ab, Werden und Vergehen usw.). Die Maschine macht dagegen im immer exakt gleichen Takt immer das exakt Gleiche. Der natürliche Tanz ist rhythmisch, d. h. ursprüngliches Leben, der altpreußische Parademarsch ist Takt, d. h. vom Zweckwillen geprägt. Zu diesem Problem siehe auch Seite 63.

Rhythmische Stimmführung (glattes Dahinfließen der Worte, mit leicht periodischen Schwankungen, mehr oder minder im Spannungsausgleich, mehr oder minder lebhaft oder ruhig, Wirkung organisch-gefühlshaft): Gefühlsreichtum, Ausgeglichenheit, seelisches Gleichgewicht, eher heitere Grundstimmung.

Gewisse Unebenmäßigkeit im Rhythmus der Stimmführung: je nach Gesamteindruck lebhaftes, bewegliches Wesen oder gefühlsabhängig, Mangel an Selbstkontrolle, unberechenbar, unzuverlässig, eher negative oder schwankende Grundstimmung.

Taktmäßig straffe, regelmäßige Stimmführung (Wirkung vergleichsweise härter, gleichsam angenähert mechanisiert oder maschinenhaft): Steuerung der Gesamtpersönlichkeit durch bewußten Verstand und Willen, stärkere Bewußtheit des Erlebens, Willensspannung, Disziplin, Beharrlichkeit, Ordnungssinn, Präzision, in krassen Fällen um ihrer selbst willen, Pedanterie, Starrheit, Gefühlskälte, Härte.

Der eben besprochene Gegensatz tritt auch in der folgenden, leichter erfaßbaren Unterscheidung deutlich hervor:

Der rund-fließende Sprechverlauf mit weichen Übergängen der einzelnen Laute und Wortkörper, rhythmischer, melodischer Fluß der nach oben und unten schwingenden Töne, volle und warme, eher weich und immer elastisch wirkende Stimme, meist vokalisch, typisch für die Zyklothymen (die Pykniker oder Rundwüchsigen) im Sinn von Kretschmer:

Tieferes, ansprechbareres, resonanzfähigeres Gefühlsleben, bei Übertreibung salbungsvoll.

Die eckig-abgehackte Sprechweise mit abgehackter Gliederung in den Wortkörpern und abrupten Lautstößen, durchaus unmelodisch, eher gleicher Tonfall, scharfe und kantige, eckig und unelastisch wirkende Stimme, unangemessene Betonungen und Pausen, meist konsonantisch, extremes Beispiel die militärische Kommandosprache, typisch für die Schizothymen (die Leptosomen oder Schlankwüchsigen und die Muskulär-Athletischen) im Sinn von Kretschmer: nüchterne, zweckbestimmte Denkungsweise und entsprechende Durchorganisierung der gesamten Persönlichkeit. In diesem Zusammenhang siehe die Körperbautypen Ernst Kretschmers (S. 67) über genauere Einzelheiten. – Bei einem gewissen Offiziers-, Lehrer- und Politikertyp von offener oder verkappter autoritärer Grundeinstellung ist öfters zu beobachten:

Die forcierte Sprechweise der vorgezogenen Betonung (Charakter des Ausstoßens eines wichtigen Wortes dadurch, daß die erste Silbe wie aus der Pistole geschossen wird, kann auch häufig bei Stotterern beobachtet werden): Übermäßige Spannung, forcierte Persönlichkeit, unbewußte Darstellung von Sicherheit, von Kraft und Entschlossenheit. In stärker ausgeprägten Fällen Überkompensation einer mindestens partiell gegenteiligen Grundanlage.

Sonstiges Gesprächsverhalten

Das Gesprächsverhalten im weiteren Sinn gehört zwar nicht unmittelbar zur Körpersprache, ist aber in der Praxis doch von großer Bedeutung für das treffsichere Erfassen der Gedanken und Absichten eines Gesprächspartners. Deshalb folgen hier noch wesentliche Hinweise dazu.

Als erstes sollten Sie klugerweise auswerten:

– *wie* die Schilderung von Tatbeständen, welcher Art auch immer, erfolgt,

– *wie* Ihr Partner Ihre Fragen beantwortet bzw. auf sie reagiert,

– *hinsichtlich* innerer Teilnahme, Lebendigkeit, Stimmungslage, Stil, Wortschatz, Ausdrucksweise, Art der Darstellung. Zur Anregung für eine schärfere Beobachtung folgende Beispiele:

lebhaft oder ruhig?	beherrscht oder unbeherrscht?
frisch oder zaghaft?	zurückhaltend oder aufdringlich?
frei oder gehemmt?	gesteuert oder sprunghaft?
offen oder verschlossen?	systematisch oder unsystematisch?
echt oder gemacht?	überlegt oder aufs Geratewohl?
stetig oder wechselnd?	präzise oder weitschweifig?
nüchtern oder phantasievoll?	freimütig oder zudeckend?

Klare Schilderung mit einfachen Worten oder irgendwie verunklarend?
Schlicht-unauffällig oder aufmerksamkeitsheischend, z. B. Imponiergehabe?
Am Gegenstand klebend oder in weitere Bereiche ausgreifend?
Wirklichkeitsnah oder unrealistisch in die Ferne abschweifend?
Schwierigkeiten anpackend oder ihnen ausweichend?
In der Grundeinstellung eher optimistisch oder pessimistisch?
Gegensätze hochspielend oder sie herunter-, an den Rand spielend?
Spannungen persönlicher Art verschärfend oder ausgleichend?
Ausgewogen auch bei gegensätzlichen Anlässen?
Wird echtes Interesse am Standpunkt des anderen gezeigt?
Wird in Kleinigkeiten einseitig nur der eigene Vorteil betont?
Steht eine gewisse oder gar ausgemachte »Glätte« im Hintergrund?
Kommt eine »kräftige« Ausdrucksweise aus ursprünglicher Kraft oder aus unbewußter Tarnung von Schwäche?
Wird über andere Menschen nur negativ gesprochen?
Ist der Partner an früheren Mißerfolgen immer unschuldig?
Wird ein ganz bestimmter Sachverhalt wiederholt betont?
Wird ein bestimmter Sachverhalt oder Zusammenhang in irgendeiner Art verdrängt?
Tauchen Widersprüche in den Aussagen oder der inneren Einstellung auf?
Allen diesen Momenten nachzugehen bringt oft wichtigste Erkenntnisse!
Zum zweiten empfiehlt es sich in längeren Gesprächen oder bei längerdauernden Bekanntschaften unbedingt, auf den *bevorzugten Gesprächsstoff* eines Menschen zu achten. Das

ist vor allem für das Erkennen seiner besonderen Interessen wichtig. Sie sind allein der Motor des menschlichen Denkens, Tuns und Lassens, was gerne übersehen wird und dann oft geradezu verhängnisvolle Fehleinschätzungen mit sich bringt.

Die praktischen Schlußfolgerungen

Der letzte Teil dieses Buches soll dem Leser das richtige Erfassen der Körpersprache und ihre Auswertung so einfach wie möglich machen. Deshalb folgen zunächst zwei zusammenfassende Übersichten. Sie müssen sich selbstverständlich auf knappste Formulierung beschränken und können keine noch so wichtigen Details wiederholen. Sie können also auf keinen Fall die sorgfältige Auswertung der einzelnen Körpersignale ersetzen, vor allem in ihrer Mehrdeutigkeit (Seite 25). Deshalb ist es besonders für die erste Zeit der praktischen Arbeit im Zweifelsfall notwendig, die genaueren Einzelheiten zu dem betreffenden Merkmal an Ort und Stelle nachzusehen, um den spezifischen Zusammenhang besser erfassen und ein Fehlurteil vermeiden zu können. Außerdem wird dadurch der grundsätzlichen Gefahr, daß man sich eine nur einseitige Auslegung eines körperlichen Signals angewöhnt (und so zum eingangs gekennzeichneten »Zeichendeuter« wird), von vornherein vorgebeugt.
Diese Gefahr ist für den Anfang nicht gering. Deshalb ist bei den meisten Kennzeichen der aufgeführten Ausdrucksmerkmale sofort auf die zuständige Seite dieses Buches hingewiesen. Nehmen Sie in solchen Fällen anfangs also die kleine Mühe des Nachschlagens auf sich, bis Sie Ihrer Sache gewiß sind. Das wird Ihnen rasch zu um so größerer Sicherheit in der Handhabung dieser hervorragenden Beurteilungsmöglichkeiten verhelfen. Denn die Sprache des Körpers kann nicht lügen: Man muß sie nur richtig verstehen.
Um diese zusammenfassende Darstellung möglichst übersichtlich zu machen, wurde der Gesamtstoff in zwei praxisnahe Kapitel aufgegliedert:
– Im ersten werden vorwiegend die Merkmale angeführt, die für die allgemeine Beurteilung des Menschen und insbesondere für seine Leistungsfähigkeit von Bedeutung sind. Dabei hat sich der Verfasser an die langjährig bewährten Beurteilungspunkte gehalten, die in seiner Veröffentlichung

»Führen muß man können«* im einzelnen dargelegt sind. – Im zweiten Kapitel finden Sie typische Gesprächs- oder Verhandlungssituationen aufgeführt, wie sie sich in der Praxis immer wieder ergeben.
Nun liegt es allerdings in der Natur der Sache, daß eine ganz strenge und im Einzelfall immer treffende Aufteilung der Körpersignale im Sinne dieser prinzipiellen Gliederung gar nicht möglich ist. Überschneidungen lassen sich nicht ganz vermeiden. So sind z. B. die persönliche Stimmung oder ein auffallender Kontaktmangel, enthalten in der ersten Übersicht, von nicht geringerer Bedeutung in vielen typischen Gesprächssituationen im Sinn auch der zweiten Übersicht. Dem, der sich erstmals mit der Problematik beschäftigt, mag das als unnötige Komplikation erscheinen. Aber auch ihm wird sofort einleuchten, daß unnötige Wiederholungen wenig sinnvoll wären. Für den, der in seiner praktischen Erfahrung fortschreitet, löst sich dieses Problem rasch von selbst.
Noch ein letzter Hinweis: Ist ein bestimmtes Merkmal in Klammern gesetzt, z. B.: (flottes Bewegungstempo), dann ist dies nur unter gewissen Voraussetzungen gültig. Dem verständigen Bearbeiter des Falles ergibt sich das aus dem Einzelfall beim raschen Bedenken der besonderen Gesamtumstände, und er wird es dann gegebenenfalls nicht weiter beachten.

* »Führen muß man können – Die psychologischen Probleme der Menschenführung«, 52 Seiten, Econ Verlag Düsseldorf und Wien, 1975.

Zusammenfassende Übersicht der Körpersignale für die Menschenbeurteilung allgemein

Im folgenden werden *das inhaltliche und sonstige Gesprächsverhalten* sowie *der bevorzugte Gesprächsstoff* (Seite 120) nicht immer wieder besonders aufgeführt, um ständige Wiederholungen zu vermeiden. Auch wenn darauf nicht eigens hingewiesen ist, dürfen diese so wichtigen Momente selbstverständlich niemals vernachlässigt oder gar vergessen werden.

Aus der Überlegung, daß jeder Mensch

1. auf der einen Seite ein aufnehmendes, rezeptorisches, passives und auf der anderen ein tätiges, motorisches, aktives Wesen ist, und
2. von Natur aus von drei wesentlichen Wirkungsfaktoren gesteuert wird: den leiblichen, den seelischen und den geistig-rationalen,

ergeben sich insgesamt sechs entscheidende Beurteilungspunkte, um das Wesen eines Menschen zu erfassen. Aus Gründen der Vereinfachung und der Übersichtlichkeit sind ihnen jeweils die wichtigsten verwandten Erscheinungsformen (in Gestalt von »Eigenschaften« oder »Fähigkeiten«) sofort zugeordnet.

1. Sinnenhafte Ansprechbarkeit

Lebendigkeit der Sinne, Instinkt (z. B. auch instinktive Menschenkenntnis): Diese oft übersehene und doch so wichtige Grundvoraussetzung des Menschen drückt sich in der Sprache des Körpers relativ schlecht aus. Immerhin bieten sich einige brauchbare Anhaltspunkte:

Voll geöffnete Augen, lebhafter Blick, Genießerschnute 97, die Spitzen von Daumen und Zeigefinger einer Hand berühren sich: Feinschmecker! 76, (die besondere Art des Händedrucks? 77), (voll wirkender Mund? 102).
Primitive Triebhaftigkeit im weitesten Sinn: primitives Grinsen 106.

2. *Gefühlsaufgeschlossenheit*

oder Sensibilität, allgemeine Gewecktheit, Gefühlslebendigkeit, seelische Reichhaltigkeit, (Einfühlungsgabe, menschliches Mitempfinden, Verständnisbereitschaft):
Voll geöffnete Augen, lebhafter Blick, voll aufgerichteter Kopf, noch einigermaßen fester Stand auf einem Stand- und einem Stützbein 49, vielfältige formenreiche Bewegungen 61, stark bewegtes Mienenspiel besonders bei Formenreichtum 107, starker Wechsel in der Tonhöhe, rhythmisches Schwanken des Melos 117, rhythmische Stimmführung, rund-fließender Sprechverlauf, gelegentlich feinsinnig-genießerisches Streichen der geöffneten Hände über etwas sich angenehm Anfühlendes hinweg 75.
Mit Gefühlslebendigkeit sind oft verschwistert *Begeisterungsfähigkeit und dann die Gefahr der Überschwänglichkeit:* Bewegungsrichtung auswärts, aus-sich-herausgehend 56, lebhaft ausgreifende Bewegungen, starker Wechsel in der Lautstärke 113, unangemessen starkes, also übertriebenes Bewegungsverhalten 37.
Feinsinnige Einfühlung: Die Fingerspitzen tasten zart nach etwas 76, die Spitzen von Daumen und Zeigefinger einer Hand berühren sich 76, die Spitzen der gespreizt gehaltenen Finger berühren sich leicht bei nahezu spannungslosen Händen 76.
Gefahr: Mangel an geistiger Disziplinierung: siehe unter Labilität, Seite 134!

Geringe Aufgeschlossenheit, Stumpfheit, Gefühlsarmut: Monotone Bewegungen bei Spannungsarmut 62, verhängte Augen 85, träger Blick, wenig bewegtes und monotones Mienenspiel, (geringer Wechsel in der Lautstärke), unklare verschwommen wirkende Betonung im Sprechen 113, monotones Sprechen 117.

3. Begriffliches Denkvermögen

Verstand, Logik, Kritik, Selbständigkeit des Denkens, Nüchternheit, (Wirklichkeitssinn, Kombinationsgabe, Zielbewußtsein, Weitblick):
Speziell Kritik, geistiger Abstand: Überhöhte Kopfhaltung, fester Blick aus zurückgenommenem Kopf 91, verengter Blick 86, konsonantisches Sprechen, (seitlicher Blick 90), einseitiges oder schiefes Lachen und Lächeln.
Nüchternheit: Unter verschiedenartigen Umständen gleichbleibend ruhiges Bewegungstempo 57, exakt-gerade, verhalten wirkende Bewegungen 60, monotones Sprechen 117, eckig-abgehackte Sprechweise.
Bloßer Intellektualismus ohne Gefühlstiefe: Monotone Bewegungen bei Spannungsarmut 62.
Unkritische Hingabe an lebendige Vorstellungsbilder, Verträumtheit: Voll geöffnete Augen bei vorwiegender Gelöstheit 85.
Geringe Denkfähigkeit: Notfalten bei stärkeren Eindrücken oder als schwierig empfundenen Fragen 82.
Gedankenflucht: Stark bewegtes und formenreiches, aber spannungsarmes Mienenspiel bei labil-verwaschenen Bewegungen 107.

4. Energie oder Vitalkraft

Antriebsstärke, Belastbarkeit: (Spannung), intensives Bewegungsverhalten ganz allgemein, ausgreifende, weite Be-

wegungen 57, rhythmisch-kraftvoller, etwas hin- und herschwingender Gang 66, (nach hinten gedrückte Schultern 45), aufgewölbter Brustkorb, (ausgeprägte senkrechte Stirnfalten 81), fester Blick, besondere Art des Händedrucks 77.
Vitalschwäche: Spannungsarmut, unangemessen schwaches Bewegungsverhalten 37, unscheinbare, knappe Bewegungen 58, (steifer, eckiger, hölzerner Gang 67), labiler Stand 50, eingesunkener Brustkorb 45, (zur Seite geneigter Kopf 47), schwammig-weicher Gesichtsausdruck, z. B. schlaff herabhängende Wangen, verhängte Augen 85, offenstehender Mund, auffallend leises Sprechen bei Spannungsarmut, unregelmäßiges Schwanken einer an sich schon geringen Lautstärke 113.
Aktivität, Unternehmungsgeist: Spannung, nach hinten gedrückte Schultern, aufgewölbter Brustkorb 45, voll aufgerichteter Kopf 46, tief eingeschnittene Nasenlippenfalte 94, Aufblähen der Nasenflügel, auffallende Lautstärke: Frage ob echt? 113, (Aufeinandermahlen der Kiefer 101). – Sie sehen die enge Verwandtschaft mit der Antriebsstärke oder Vitalkraft.
Passivität: Spannungsschwäche (siehe auch Labilität!), spannungslos nach unten hängender Kopf 47, offenstehender Mund 100. – Enge Verwandtschaft zur Vitalschwäche.
Das Temperament ist der Gradmesser für die Erregbarkeit des Tätigwerdens, für das »Lebenstempo« eines Menschen. Es drückt sich unmittelbar in seinem ihm artgemäßen Bewegungstempo aus, also in der Lebhaftigkeit der Gesten, in der Gangart und der Sprechgeschwindigkeit.
Lebhaftes Temperament: Flottes Bewegungstempo ganz allgemein, stark bewegtes und formenreiches Mienenspiel bei klaren und sicheren Bewegungen 107, flotter Gang, lebhaft-flotte Sprechweise.
Ungehemmt-lebhaftes Temperament: Hastig, fahrig, aufgeregt wirkendes Bewegungstempo, exakt-gerade Bewegungen mit stoßweisem Beginn 60, eckiger Bewegungsverlauf,

stark bewegtes und formenreiches, nicht sehr spannungsreiches Mienenspiel, besonders bei flüchtig-labilen, verwaschenen Bewegungen 107, stark bewegtes, jedoch monotones Mienenspiel 108, hastiges Sprechen, sich überschlagende Stimme, besonders bei übermäßigem Gestikulieren 113.
Ruhiges, gesetztes Temperament: eher langsames, gelassenes Bewegungstempo, wenig bewegtes, jedoch verhältnismäßig formenreiches Mienenspiel 108, ruhige, langsame Sprechweise.
Schwerfälliges, träges Temperament: (Spannungsschwäche), ausgesprochen langsames, träges Bewegungstempo 57, wenig bewegtes, monotones, zugleich spannungsschwaches Mienenspiel 109, zum Teil seitlicher Blick (aus Trägheit), langsame, träg anmutende Sprechweise.

5. *Schaffensdrrang und Gestaltungsfähigkeit*

Hauptinteressen sachlicher und persönlicher Art, eigene Gedanken, Einfallsreichtum: Hier ist die Körpersprache im engeren Sinn relativ wenig ergiebig. *Voraussetzung* für stärker ausgeprägten Schaffens- und Gestaltungsdrang sind immer ausgeprägte sinnenhafte und gefühlshafte Ansprechbarkeit und Lebendigkeit (Ziffer 1 und 2 dieser Übersicht), denen sich entsprechende Antriebsstärke (Ziffer 4) zugesellen muß. *Hinweise:* Voll geöffnetes Auge 85 und rhythmisches Schwanken des Melos 117. Im übrigen geben in der Praxis die seitherigen Tätigkeiten, Hobbys, der bevorzugte Gesprächsstoff und das Gesprächsverhalten im weitesten Sinn sehr wertvolle, oft völlig ausreichende Hinweise für die Beurteilung dieses so wichtigen Wesenszuges. Da sie damit verwandt sind, sind der Übersichtlichkeit halber hier folgende wichtige Aspekte der Lebensgestaltung eingeordnet. In der Praxis kommt es zumeist auf die gesunde Mitte, auf den Ausgleich zwischen den beiden gegensätzlichen Polen an. Beachten Sie auffallende Einseitigkeit!

Vorwiegende Selbstbehauptung (Egoismus): Eher bei starker Willens- und Verstandesbetontheit (folgende Ziffer 6 und 8 dieser Übersicht) zu erwarten: siehe dort!, aufdringliches Eindringen in den persönlichen Nahbereich des anderen 58, Händedruck? 77, (verschwommene Aussprache 114).
Vorwiegende Selbsthingebung (Altruismus, Idealismus): Eher bei starker Gefühlsbetontheit (Ziffer 2 und 8 dieser Übersicht) zu erwarten: siehe dort!, siehe besonders die Merkmale unter Begeisterungsfähigkeit Seite 128, der himmelnde Blick bei hochgradiger Gelöstheit (sehr selten! 91).
Vorwiegend nach-außen-gerichtet (Extraversion): Eher bei Aktivität, bei lebhaftem Temperament und bei frei sich entfaltendem Selbstgefühl zu erwarten: siehe dort!, eher weitausgreifende Bewegungen, eher große Schritte 65, eher rund-fließender Bewegungsverlauf 61, Neigung zu geringerem Gesprächsabstand 59.
Vorwiegend nach-innen-gerichtet (Introversion): Eher bei Zurückhaltung, bei verhaltenem Temperament und bei gehemmtem Selbstgefühl zu erwarten: siehe dort!, eher ansichhaltende Bewegungen, eher kurze oder kleine Schritte 65, (eher eckig-gerader Bewegungsverlauf 60), verkniffener Mund 100, Neigung zu größerem Gesprächsabstand 59.

6. Bewußter Zweckwille und Willenskraft

Selbstdisziplin, Tatkraft, konsequentes Handeln, (Zielstrebigkeit), Ausdauer, Beständigkeit, (Risikobereitschaft): Spannung, auch Überspannung, Spannungsausgleich 33, exakt-gerade Bewegungsform, eckiger Bewegungsverlauf 60, unangemessen schwaches Bewegungsverhalten (z. B. Pokergesicht 62), monotone Bewegungen bei Gespanntheit 62, taktmäßiges Gehen 63, Händedruck? 77, fester Blick, betont verschlossener oder verpreßter Mund 100, klare und deutliche Aussprache (Artikulation 114), (metallisch klingende Stimme? 116), monotones Sprechen 117, taktmäßig

straffe, regelmäßige Stimmführung 118, eckig-abgehackte Sprechweise, forcierte Sprechweise der vorgezogenen Betonung 119.
Gefahr des Starrsinns: Übermaß der soeben angeführten Merkmale, besonders bei starker bis übermäßiger Spannung, starrer unbeweglicher Stand 49, Blick von unten 48, (»hart« wirkender Mund 102).
Mangel an Willenskraft, Willensschwäche: Siehe die Merkmale unter Vitalschwäche, Seite 130 und unter Labilität, Seite 134, schleppender, gleichsam hängender Gang 66, unbestimmter Blick 93, unangemessenes Naserümpfen 95, unklare, undeutliche Aussprache (schlechte Artikulation 114), (Abfall von Tonhöhe und Lautstärke zum Satzende hin 117).
Mangel an Disziplin, etwas flegelhafte Unbekümmertheit: unbekümmert geöffnete Sitzweise 51, breiter, bequemer Sitz 52.

Über diese sechs entscheidenden Wesenszüge hinaus sind als übergeordnete Zusammenhänge von größter Wichtigkeit noch zu beachten:

7. *Stabilität*

Ausgeglichenheit, Geschlossenheit, innere Ruhe, Gelassenheit, Standfestigkeit: Spannungsausgleich, Spannung, gute und zwanglose Körperhaltung, (eingesunkener Brustkorb 45), fester und gleichzeitig elastischer Stand auf beiden Füßen 49, (ruhiges Bewegungstempo 56), vielfältige formenreiche Bewegungen 61, (rhythmisches Gehen 63), typisches Schreiten 66, Händedruck? 77, ruhig-fester Blick, wenig bewegtes, jedoch relativ formenreiches Mienenspiel 108, ruhige, langsame Sprechweise 113, (Sprechen in tiefen Tönen 115), rhythmisches Schwanken des Melos 117, rhythmische Stimmführung 118.

Labilität, Unbeständigkeit, schwankendes Wesen, keine nachhaltige Willensbestimmtheit, Hemmungslosigkeit: Übermäßige Lösung (schon schwache Hinweise darauf ernst nehmen und ihnen nachgehen!), schlechte, schlappe Körperhaltung, labiler Stand bei Mangel an Spannung 50, (vielfältige, formenreiche Bewegungen 61), Händedruck? 77, unruhiger Blick 93, viel Spannung und eckige oder ekkig-abgehackte Verlaufsform bei stark bewegtem und formenreichem Mienenspiel 107, auffallende Schwankungen der Sprechgeschwindigkeit 113, unrhythmisches Schwanken des Melos, also unmotiviertes Fallen und Steigen der Tonhöhe 117.

8. Verstandes- oder Gefühlsbestimmtheit

Vorwiegende Verstandesbestimmtheit: Starke bis überstarke Spannung, exakt-gerade Bewegungsform, eckiger Bewegungsverlauf 60, durchaus knappe und geregelte Bewegungsformen 61, (»scharfgeschnitten« wirkender Mund 103), geringer Wechsel in der Lautstärke, besonders bei großer Lautstärke 113, Sprechen in Kopfstimme oder -tönen, Klangfarbe der Stimme? 115, konsonantisches Sprechen, taktmäßig straffe Stimmführung 118, eckig-abgehackte Sprechweise 119.
Vorwiegende Gefühlsbetontheit: Ausgeprägte bis übermäßige Lösung, rund-fließender Bewegungsverlauf, lockere und freie Bewegungsweise 61, weich schwingender Gang 66, (»weich« wirkender Mund 102), starker Wechsel in der Lautstärke, verschwommene Aussprache, also schlechte Artikulation 114, Sprechen in Brusttönen, Klangfarbe der Stimme? 115, vokalisches Sprechen, gewisse Unebenmäßigkeit im Rhythmus der Stimmführung 118, rund-fließender Sprechverlauf 118.

9. *Selbstgefühl oder Selbstbewußtsein*

Bezeichnenderweise ist die Sprache des Körpers in diesem zumeist stark vernachlässigten Beurteilungspunkt höchst ergiebig. Man muß sich nur einmal mit den Hintergründen des Selbstbewußtseins und seiner eminenten Bedeutung für das Leben auseinandergesetzt haben. Jeder Menschenbeurteiler sollte die wenigen »psychologischen Mechanismen« im Grundsatz beherrschen, die dafür bedeutungsvoll und im Kern durchaus einfach sind*.

Starkes Selbstgefühl, Selbstbewußtsein, Selbstvertrauen, Selbstsicherheit, entsprechende Überlegenheit: (Nur bei Spannungsausgleich wirklich echtes Selbstbewußtsein), (Spannung), gute und zwanglose Körperhaltung 43, dabei freies Senken der Schultern 45, voll aufgerichteter Kopf, (übereinandergeschlagene Beine 51), klare Bewegungsrichtung nach oben 55, ruhige, weite Bewegungen 57, Händedruck? 77, fester Blick, (lebhaft-flotte Sprechweise), ungestörter rhythmischer Sprechfluß 112, rhythmisches Schwanken des Melos 117.

Naiv-ursprüngliches Selbstgefühl: Eindeutige Gelöstheit, echt natürliches lockeres, ungezwungenes, freies, unmittelbares Sichgeben.

Selbstüberschätzung, Überheblichkeit, Arroganz: Nach hinten gedrückte Schultern 45, aufgewölbter Brustkorb 45, überhöhte Kopfhaltung 47, im Stehen und Gehen nach oben wippen 50, auffallende Bewegungsrichtung nach oben 55, verhängte Augen 85, Blick von oben herab 91, (einseitige) waagerechte Stirnfalten 81, gelegentlich ganz geschlossene Augen, gelegentliche Abkehr des Gesichts, seitlicher Blick bei einseitig hochgezogenen Augenbrauen und waagerechten Stirnfalten 90, der abschätzend wandernde gerade Blick

* Knapp und übersichtlich dargestellt in »Führen muß man können«, siehe Fußnote auf Seite 126.

92, verzerrtes Lachen und Lächeln, einseitig-schiefes Lachen und Lächeln 105, Klangfarbe der Stimme? 115.
Schwaches Selbstgefühl, Selbstunterschätzung, Unsicherheit, Ängstlichkeit, Unterlegenheitsgefühl: Hochgezogene Schultern und leicht gekrümmter Rücken bei angezogenem Kinn und eingezogenem Unterleib 44, nach vorn fallende Schultern, eingesunkener Brustkorb 45, geschlossene Sitzweise 51, Sitzen in Sprungbereitschaft 52, auffallende Bewegungsrichtung nach unten und einwärts, gleichsam in sich hinein 55, unrhythmische oder im Takt gestörte kleine, schnelle Schritte 65, Händedruck? 77, (Notfalten 87), Blinzeln 88 unfester oder ausweichender Blick 91, unsicheres oder Verlegenheitslächeln 105, undeutliche, verschwommene Aussprache 114.
Gehemmtheit, Kontaktmangel, Forciertheit, Bewußtheit aus Selbstbezogenheit, befangen, gemacht, verzwungen, formell, verschlossen: Mindestens stärkere bis Überspannung, unangemessen schwaches Bewegungsverhalten 37, eckiger, steif wirkender Bewegungsverlauf 60, Störungen im rhythmischen Ablauf 64, steifer, eckiger, hölzerner Gang 67, auf den Rücken gelegte Hände bei gewisser Gespanntheit 71, dem Partner abgewandter Blick auf einen fixierten Punkt im Raum 89, verkniffener Mund 100, (Verlegenheitslächeln 105), »schiefer Mund« 106, wenig bewegtes und monotones, zugleich spannungsschwaches Mienenspiel 109, lebhafte, flotte Sprechweise bei gestörtem Rhythmus 112, langsame, zögernde Sprechweise 112, geringe Lautstärke bei zaghaftem Redefluß 113, monotones Sprechen 117.
Bescheidenheit, Schlichtheit, Zurückhaltung: Auffallende Bewegungsrichtung nach unten 55, unauffällige, knappe Bewegungen 57, geringe Lautstärke bei ruhigem Redefluß 113.
Unterwürfigkeit: Gekrümmter Rücken 44, Blick von unten bei wenig Spannung 90.

Selbstschätzungsverlangen, Eitelkeit, Selbstgefälligkeit, Wichtigtuerei: Gespreizter Gang, auffallend nach außen gerichtete Fußspitzen 50, Bewegungsrichtung auswärts 56, ausgreifende, weite Bewegungen 57, im Gehen Mitschwingen der Hüften bei Fortsetzung der Bewegung hinauf in die Schultern 66, gravitätischer, stolzierender Gang 66, Zwinkern mit den Augen 87, (Genießermund 97), auffallende Lautstärke unechter Art 113.
Bloße Darstellung von Festigkeit, von Kraft und Überlegenheit (aus Überkompensation): Aufstützen der Arme in den Hüften, auffallendes Zurücknehmen des Kopfes 47, breitbeiniger Stand 50, übereinandergeschlagene Beine bei einiger Spannung 51, demonstrativ gelassenes, unecht wirkendes Bewegungstempo 57, (betont große und langsame Schritte 65), Mitschwingen des Oberkörpers beim Gehen 65, Verschränken oder Kreuzen der Arme über der Brust als Pose bei zurückgelegtem Kopf und Blick von oben 70, auf den Rücken gelegte Hände als Pose 71, auffallende Lautstärke unechter Art 113, forcierte Sprechweise der vorgezogenen Betonung 119.
Empfindlichkeit: Oft bei verspannter Körperhaltung 43, (monotone Bewegungen bei Gespanntheit 62), »Empfindlerfalte« 95, prüfender Gesichtsausdruck 96, (verpreßter Mund 100), süßliches Lächeln 105.
Einordnungsfähigkeit: Häufig gezeigte typisch konventionelle Körperhaltungen 44.
Vorwiegend positive Grundstimmung, Optimismus, eher beschwingtes, heiteres Wesen: Vorwiegend ausgeglichene Spannung, eher flotte, frische Bewegungen, vielfältige formenreiche Bewegungen 62, rhythmisches Gehen 63, zurückgezogene und angehobene Mundwinkel, insgesamt belebter Gesichtsausdruck, häufiges echtes Lachen oder Lächeln bei Verwischung aller Stirnfalten 99, stark bewegtes und formenreiches Minenspiel 107, eher rhythmischer Redefluß 118.

Vorwiegend negative Grundstimmung, Pessimismus, eher Niedergedrücktheit: Bei Spannungsschwäche eher Deprimiertheit, bei stärkerer Spannung eher aktiv-negative Auswirkungen in die Umwelt hinein: Eingesunkener Brustkorb 45, eher lahme Bewegungen 57, monotone Bewegungen bei Spannungsarmut 62, im Rhythmus gestörtes Gehen 64, (Notfalten 82), »Empfindlerfalte« 95, gesenkte oder herabgezogene Mundwinkel 99, verpreßter Mund 100, wenig bewegtes und monotones, zugleich spannungsschwaches Mienenspiel 109, nach unten gesenkter Unterkiefer, gerunzelte Augenbrauen, gewisse Unebenmäßigkeit im Rhythmus der Stimmführung 118.

10. Die charakterliche Seite

Anständigkeit, Offenheit, Zuverlässigkeit, Vertrauenswürdigkeit, Verantwortungsbewußtsein: Spannungszustand?, Stimmungslage?, Händedruck? 77, voll geöffnetes Auge 85, gerader Blick aus voll zugewandtem Gesicht 89, (verkniffener Mund 100), wenig bewegtes, jedoch relativ formenreiches Mienenspiel bei aktiver Wesensart 108, (normal klare und noch leichtverständliche, aber nicht auffallend sorgfältige Artikulation 114).
Hinweise auf möglichen Mangel an charakterlichen Werten: Übermäßige Lösung, ausgeprägte negative Grundstimmung 138, gewisse besondere Arten des Händedrucks? 77, gekrümmter Rücken 44, (verkniffener Mund 100, verzerrt negierendes Lachen und Lächeln 105, (Tendenz zur Verundeutlichung der Sprache 114, gewisse Unebenmäßigkeit im Rhythmus der Stimmführung 118).
Scheinheiligkeit (ethische Werte als Werkzeug des Egoismus): Himmelnder Blick bei Spannung im Gesicht 91.
Verschlagenheit, Hinterhältigkeit: Verengter und gleichzeitig seitlicher Blick, nur wenn gewohnheitsmäßig gezeigt 90, übermäßig fixierter, gerader und zugleich verengter Blick 92, (salbungsvolle, schwammig-fettige Stimme? 116).

Geborene Schwindler-, Hochstaplernatur: Zu Vorsicht sollte mahnen das vollgeöffnete, Vertrauen ausstrahlende Auge bei »glattem« Auftreten 85 sowie der demonstrativ feste, gerade und bewußt offene Blick 92.
Herausfordernde Frechheit des Unverschämten: Geradezu aufdringlicher Blick aus vollgeöffneten Augen, keinerlei »Ausweichen« 85, Feixen statt Lachen 105.
Gefühlskälte: (Die Mischung mit Egoismus, Seite 132, sollte zu großer Vorsicht mahnen!) »Kalter«, »stechender«, verengter Blick 86, 92, verkniffener Mund 100, (taktmäßig straffe Stimmführung 118). – Siehe auch »Bewußter Zweckwille«, Seite 132, und Starrsinn, Seite 133!

11. Schlußbemerkung

Fachkönnen und Bildung, Allgemeinbildung, Überblick über das Ganze ergeben sich ohne besondere Schwierigkeit aus dem Lebenslauf, der allgemeinen Kulturstufe, dem bevorzugten Gesprächsstoff und dem sonstigen Gesprächsverhalten.
Die viel geforderte *Anpassungsgabe* ist ebenso wie die »Ausstrahlung« oder *der »Zauber« einer Persönlichkeit* die Folge einer Reihe von Voraussetzungen, was zumeist übersehen wird. Das gleiche trifft für die *Organisationsgabe* und die *Urteilskraft* zu. Sie können sich also unmittelbar auch in der Sprache des Körpers nicht ausdrücken. Sie sind aber sehr wohl durch Prüfung ihrer verschiedenen Voraussetzungen zu ermitteln.*

* Wo Sie Genaueres darüber finden können, zeigt Ihnen die Fußnote auf Seite 126 an.

Zusammenfassende Übersicht der Körpersignale für typische Gesprächs- und Verhandlungssituationen

In diesem Kapitel finden Sie diejenigen Ausdruckserscheinungen zusammengestellt, die typische, in der Praxis immer wiederkehrende innere Einstellungen eines Gesprächspartners kennzeichnen. Von besonderer Bedeutung sind dabei seine Zu- und Abwendungssignale, die es auf der Stelle wahrzunehmen gilt, wenn man den Verhandlungserfolg nicht in Frage stellen will. Hier geht es also in erster Linie um situationsbedingte Momente, während im vorigen Kapitel mehr wesensbedingte im Vordergrund standen. Sie lassen sich jedoch nicht scharf voneinander trennen. Deshalb haben dort aufgeführte Wesenszüge bzw. Verhaltensweisen auch hier ihre Bedeutung. Zum Beispiel alle die, die uns über die innere Sicherheit oder Unsicherheit, über die jeweilige Stimmung unseres Gesprächspartners u.dgl. etwas aussagen. Sie können ja genauso gut situations- wie wesensbedingt sein.

1. Zuwendung, Interesse

Gesteigerte Aufmerksamkeit für den Gesprächspartner und geistige Aktivität in diesem Sinn: (Faustregel: Je weiter sich der Körper »öffnet« und je mehr sich sein Kopf und Körper einem zuneigen, um so mehr Zuwendung und Entgegenkommen! – Im einzelnen): Vorwärtsbewegung von Kopf und Oberkörper, also Zuneigung zum Partner hin 54, voll aufgerichteter Kopf 46, gerader Blick aus voll zugewendetem Gesicht 89, sich steigerndes Bewegungstempo 57, sozusagen aktiver Stuhlkantensitz 52, plötzliches Abbrechen irgendeines rhythmischen Spiels von Händen, Beinen oder Füßen 35, gleichsam offene Haltung von Armen und Händen, (Schmunzeln 104), sich steigernde Sprechgeschwindigkeit und Gestik 112.

Mehr oder minder unkritisches, volles Mitgehen, vertrauensvolle Einstellung, Anerkennung des anderen: Gelöste Haltung des Kopfes, oft nach hinten 47, zur Seite geneigter Kopf, (übereinandergeschlagene Beine 51), breiter bequemer Sitz 52, ruhiger, fester, offener und gerader Blick in die Augen des Partners 89, 92, vorbehaltloses lockeres Lächeln 104, für wenige Augenblicke geschlossene Augen, dabei nur angedeutetes Kopfnicken 87.

Aufkommende Bereitschaft zu aktivem Tun, einsetzender Wille zur geistigen Auseinandersetzung: Ruckartiges Zurückwerfen des Kopfes 47, der vorher vergleichsweise spannungslose Körper nimmt deutliche Zeichen von Spannung an 70, z. B. wechselt der Oberkörper aus einer »bequemen«, angelehnten Position in die freie, aufrechte Sitzhaltung.

Konzentration: Senkrechte Stirnfalten 81, verengter, dabei fester Blick in die Ferne 86, (betont verschlossener Mund 100).

Konzentriertes Hinweisen auf etwas: Gespannt ausgestreckter Zeigefinger 75.

Darlegen eines Gedankens mit innerer Anteilnahme: Ausstrecken einer oder beider Hände, nach oben hin geöffnet, auf den Partner zu in der Geste des Darlegens 72.

Hochgespannte Erwartung, etwa auf die Beantwortung einer Frage: Aufgerissenes Auge und fester Blickkontakt 84.

Plötzliches einsetzendes Begreifen: Waagerechte Stirnfalten 81 bei aufgerissenen Augen 84, oft mit angedeutetem Kopfnicken.

Der etwas erwartende Bittsteller: Die vorgestreckten und nach oben geöffneten Hände werden von unten nach oben bewegt 72.

Der Schenkende oder wohlwollend etwas Weggebende: Die nach oben hin sich öffnenden Hände werden langsam von oben nach vorn unten geführt 72.
Hingabe an ein angenehmes, höchst befriedigendes Gedankenbild: Aneinanderreiben der Hände 73.
»Ich habe Sie durchschaut«: Zukneifen nur eines Auges, Zwinkern, dann fester, oft seitlicher, Blick auf den andern 87.

2. Abwendung aus erlahmendem Interesse

Absichtslose, passive Einstellung: (Faustregel: Je mehr der Partner Teile seines Körpers verdeckt oder »verschließt«, je mehr er sich wegneigt oder abwendet, um so mehr Abwendung, wenn nicht Ablehnung und Abwehr! – Im einzelnen): Rückwärtsbewegung, Zurückweichen des Oberkörpers, auch des Kopfes 55, »verschlossene« Haltung von Armen und Händen, (abweisende Handbewegungen siehe unten Ziffer 5!), (Drehung des Kopfes zur Seite 48), sich verlangsamendes Bewegungstempo 57, Wechsel aus der aktiven Beteiligung am Gespräch in irgendein rhythmisches Spielen mit Händen, Beinen oder Füßen 35, dasselbe in demonstrativ lässiger Form, z. B. Trommeln der Finger auf den Tisch 75, Wechsel aus freier aufrechter Körperhaltung in eine »bequeme«, angelehnte Position, seitliche Neigung von Kopf und/oder Oberkörper 55, unklare, verschwommen wirkende Betonung oder Akzentsetzung im Sprechen 113, abnehmende Sprechgeschwindigkeit und Gestik 112.

3. Innere Unruhe, Unsicherheit, Zweifel, Mißtrauen

Über die folgenden speziellen Angaben hinaus siehe besonders die Hinweise unter »Schwaches Selbstgefühl/Unsicherheit« und »Gehemmtheit« (Seite 136). Die einzelnen Merkmale lassen sich in psychologisch ähnlichen Situationen nicht allzu scharf voneinander trennen: Sehen Sie sie also im jeweiligen Zusammenhang bitte nicht isoliert, sondern mehr als Ganzes!

Innere Unruhe, aufkommende Nervosität, nervöse Spannung: länger anhaltende rhythmische Bewegungen eines Fingers, Fußes, Beines oder einer Hand von manchmal nur geringster Bewegungsweite (dann sind Unruhe und Spannung noch nicht negativer Natur), rhythmisch gestörte Bewegungen von Wiederholungscharakter (Hin- und Herrutschen, ungeregeltes Fingertrommeln, Hin- und Herschieben von Zigarettenschachtel u. ä. 35, 74, Blinzeln 88.

Überraschung, Erschrecken, Erstaunen, Nicht-begreifen-können, Hilflosigkeit aus gewisser Angst: Waagerechte Stirnfalten bei aufgerissenen Augen 81, 84, in stärkerem Maß auch bei geöffnetem Mund, Blaßwerden 109.

Bedrängnis, Hilflosigkeit, völlige Unentschiedenheit, Passivität: »Leerer«, irgendwo im Raum fixierter Blick aus gesenktem Kopf bei Spannungsschwäche 47, hochgezogene Schultern 44, an den Leib gedrückte Ellbogen, »Notfalten« 82, aufgerissene Augen 84, Naserümpfen oder Empfindlerfalte 95, in den Mund gesteckter Finger 77.

Zweifel, Bedenken, (Unentschiedenheit), Skepsis, Mißtrauen: Abwechselnd Hochziehen und Senken der Schultern 45, seitliches Hin- und Herwiegen des Kopfes, oft bei leicht hochgezogenen Schultern 47, seitlicher Blick 90.

Innere Unsicherheit, Verlegenheit, Ängstlichkeit, Scham: Abstützen des Oberkörpers mit Händen nach unten 46, geschlossene Sitzweise 51, Sitzen in Sprungbereitschaft 52, (eine oder beide Hände werden in die Tasche gesteckt 73), das Gesicht oder Teile davon abdeckende Handbewegung 75, Legen des ausgestreckten Zeigefingers an den Lippenrand 76, (Erröten 109). – Siehe auch voriges Kapitel, besonders Seite 136!

Aufkommen von Bedenken, Verlust an Zuversicht, gewisse Resignation: Wenig Spannung, geneigter Kopf, langsame

Bewegung der Hand (Hände) nach außen und unten hin mit Handfläche nach innen 73, verhängtes Auge 85, offenstehender Mund, abnehmende Sprechgeschwindigkeit und Gestik 112.

Etwas hilfloses Suchen nach einem Halt, einem Wort, einer guten Idee, während sich die Lösung im Innern schon heranbildet: Die Hand zeigt die Bewegung des Greifens 74.

Tendenz des Abwartens, Suchen nach einer Hilfe: Sich auf Lippe oder Zunge beißen 98.

Aus dem Gefühl der Isolierung heraus gleichsam einen Schutzwall aufbauen: Verschränken oder Kreuzen der Arme über der Brust, besonders wenn einige Zeit in steifer Form beibehalten 70.

Etwas verheimlichte, versteckte Beobachtung: Das Gesicht oder Teile davon abdeckende Handbewegungen 75, verengter und gleichzeitig seitlicher Blick 86, Blick von unten bei mäßiger Spannung und leichten senkrechten Stirnfalten 91, lebhafter Blick vorwiegend aus den Augenwinkeln heraus bei ruhig gehaltenem Kopf 93, im positiven Sinn: Schmunzeln 104.

Ausgeprägte kritische Wachsamkeit, Vorsicht, Mißtrauen, gegebenenfalls hinterhältiges Lauern: Über die auch hierher gehörigen und in diesem Abschnitt schon genannten Merkmale hinaus: Überhöhte Kopfhaltung 47, unscheinbare, knappe Bewegungen 58, seitlicher und gleichzeitig verengter Blick 90.

4. Nachdenklichkeit, Besinnlichkeit, bedächtiges Überlegen

Blick in die Ferne bei gewisser Spannungsschwäche 48, auf den Rücken gelegte Hände 71, ganz langsames Streichen über die Stirn in einer wischenden Bewegung 75, die leicht geöffneten Finger liegen über dem Mund, dabei Blick in die unbestimmte Ferne 76, 89, für wenige Augenblicke geschlossene Augen 87, die Zunge tastet den Lippenrand entlang 98, wenig bewegtes, jedoch relativ formenreiches Mienenspiel bei wenig aktiver Wesensart bzw. Einstellung 108.

5. *Gesteigerte Abwendung, Abwehr passiver oder aktiver Art*

Allgemein: Siehe auch 1. Absatz unter Ziffer 2, Seite 142! – Abkehr des Gesichts vom Partner weg 48, Neigung des Oberkörpers nach hinten 55, dabei Vorstrecken der Arme mit Handflächen nach vorn 55. – Im besonderen:
Überraschung, Unwille, Erregung, Zorn, Wut: Mehr oder minder starke Spannung, massives Aufstoßen der flachen Hand oder der Fingerknöchel auf den Tisch 74, Senkrechte Stirnfalten 81, Fletschen der Zähne 96, »Protestschnute« 97, »Verblüffungsschnute« 98, Aufeinandermahlen der Kiefer 101, ungesteuerte heftige und monotone Bewegungen 108, Erröten 109, gesteigerte Lautstärke 113.
Entschlossenheit, Kampfbereitschaft, Aggressivität: Starke Spannung, (im Stehen nach-oben-wippen 50, Sitzen in gespannter Sprungbereitschaft 53, die Hände werden ruckartig und mit Spannung in die Tasche gesteckt bei nachfolgender Spannung im Schulter-Arm-Bereich 73, zur Faust geballte Hand 73, senkrechte Stirnfalten 81, Blick von unten aus gesenktem Kopf 91, fester Blick auf den Partner 92, betont verschlossener oder verpreßter Mund 100.
Mahnung zur Vorsicht, etwas Unerwünschtes niederhalten oder niederdrücken: Die Hand oder die Hände gehen, Handfläche nach unten und mit gespreizten Fingern, zum Boden hin 72.
Intensiver Tadel oder Vorwurf (»Nimm dich in acht!«): Aufgerissene Augen bei ernstem, gespanntem Gesicht 84.
Ausgeprägte Unlust: Zugekniffene Augen 87, »Empfindlerfalte« (unangenehme Geschmacksreaktion, Naserümpfen) 95.

Vertreiben eines unerfreulichen Gedankens: Ruckartige Bewegung der Hand oder Hände nach außen und unten hin mit Handflächen nach innen 73.
Überheblichkeit: Siehe Seite 135 und 137!

Folgerungen für die Persönlichkeitsbildung

Sie kennen nun die Gesetzmäßigkeit, die das Verhältnis von Leib und Seele, von Körper und Geist beherrscht, und Sie kennen die vielen praktischen Schlußfolgerungen aus dieser Gesetzlichkeit: daß man von den besonderen körperlichen Erscheinungen her die persönliche Wesensart bzw. die gerade herrschende innere Einstellung eines Menschen mehr oder weniger erkennen kann. Der Schluß liegt nun nahe, daß man mit der Kenntnis der speziellen körperlichen Ausdrucksmerkmale auch seine eigene Körpersprache bewußt steuern könne – mit dem Zweck, einen gewünschten Gesprächs- oder Redeerfolg sicherer zu erreichen. In der Tat erlebt der Verfasser diesen Wunsch seit Jahren bei nicht wenigen Teilnehmern seiner Seminare. Das Schlimme daran ist, daß diese Meinung durch unseriöse Veröffentlichungen noch unterstützt wird.

Es handelt sich hier um eine zwar verständliche aber letztlich völlig irrige Ansicht. Genauso wie durch den Besuch eines Schauspielerunterrichts nicht jeder erlernt, jedes beliebige mimische Bild überzeugend darstellen, besser gesagt: mimen zu können. Jeder kritische Leser weiß das von seiner persönlichen Kenntnis guter und schlechter Schauspieler her. Denn dazu gehört erstens eine überdurchschnittlich gute schauspielerische Begabung und zweitens – wie das hervorragende Könner auf diesem Gebiet selber immer betonen – ein totales Sich-hinein-fühlen und -leben in die zu spielende Rolle. Dies zeigt, daß man nicht irgendwelche mimischen Bilder willkürlich »machen« kann.

Und warum ist das so? Weil – wie wir gesehen haben – Leib

und Seele eins sind. Weil der Mensch nicht einen Körper *hat* (mit dem er etwa machen kann, was ihm beliebt), sondern weil er sein Körper *ist* (S. 13). Weil er eine untrennbare Ganzheit ist. Die steuernden Antriebe für die Sprache des Körpers kommen aus dem innersten Wesen heraus, man kann sie so ohne weiteres nicht ändern oder »machen«. In diesem oberflächlichen Sinn gesehen, können wir also fast nichts erreichen.

Und doch können wir in einem tieferen Sinn viel bewirken. Wenn der Mensch eine Einheit ist, eine untrennbare Ganzheit, dann können wir nicht nur die innere Persönlichkeit durch den Körper begreifen. Dann können wir die innere Persönlichkeit, das Wesen eines Menschen umgekehrt auch weit mehr, als man es gemeinhin glaubt, vom Körper her steuern und bilden. Denn der Körper und seine Vorgänge sind ja das Fundament der Persönlichkeit. Körper und Seele-Geist stehen in inniger Wechselwirkung zueinander. Der Körper ist nicht ein Werkzeug oder gleichsam eine Maschine, die bloß dem Geist, dem Intellekt, der Ratio dient. Das zu glauben ist der große verhängnisvolle Irrtum so vieler Menschen in unserer Zeit. Der Körper ist der Träger des Lebens in dieser Welt: der Seele, des Lebensgeistes, des Geistes schlechthin. Also muß man Seele-Geist auch vom Körper her bilden und formen können. Und das ist in der Tat in einem hohen Maß der Fall. Dies ist natürlich nicht von einem Augenblick zum andern, oder von einem Tag auf den nächsten möglich. Denn alles was lebt entwickelt sich langsam, wohl aber unaufhaltsam ständig weiter. Und diesen zwar langsamen, aber stetigen Entwicklungsprozeß kann man sehr wohl für die echte Arbeit an sich selbst auswerten, die in die Tiefe der Persönlichkeit geht. Man muß nur mit Geduld und Beständigkeit zu Werke gehen.

Der bis heute wohl größte amerikanische Psychologe William James (einer der wichtigsten Begründer der modernen Psychologie) hat vor rund hundert Jahren die bewußt pro-

vozierende Formel geprägt: »Wir weinen nicht, weil wir traurig sind, sondern wir sind traurig, weil wir weinen.« Das klingt paradox. Beobachten Sie aber bitte einmal so manche Frau, die sich, wenn sie ein bestimmtes Ziel verfolgt und die weibliche Waffe der Tränen klug einzusetzen weiß, zuerst einige Tränchen abzudrücken gelernt hat, und die dann anschließend in eine durchaus echte Traurigkeit fällt mit ihrer Ausstrahlung auf den zu beeinflussenden Menschen! Dann löst sich das vermeintlich so Paradoxe dieser Formel rasch auf, und Sie finden ihren Kern bestätigt.
Jede gute Erziehung arbeitet seit Menschengedenken mit dem Körper, um Seele-Geist, die in ihm wohnen, in der gewünschten Richtung zu beeinflussen und zu prägen. Nicht umsonst wird besonders bei Kindern und Heranwachsenden – hoffentlich! – auf gute Körperhaltung, auf aufrechtes Stehen, Gehen und Sitzen geachtet. Denn eine schlappe, zusammengesackte Haltung verträgt sich niemals mit einem »aufrechten«, stabilen, vollwertigen Menschen.
Seele und Geist können demnach vom Körper her gebildet und geformt werden. In der Tat darf man sagen: Das Leben des Körpers voll zu leben heißt zugleich Seele und Geist voll zu beleben, heißt: ein echter vollwertiger Mensch zu sein, mit anderen Worten eine volle Persönlichkeit. Also: Ohne echtes Leben des Körpers und ohne echtes Erleben durch den Körper keine echte Persönlichkeit. Und umgekehrt: Keine echte Persönlichkeit ohne den entsprechenden Ausdruck auch im Körperlichen. Deshalb kann man das Leben der Persönlichkeit auch nur durch den Körper begreifen. Durch ihn voll und ganz. Denn der Körper kann nicht lügen! Und wenn er es versucht, verrät er sich dem kundigen Auge auf der Stelle.
Wie es der weltberühmt gewordene Klaviervirtuose und -lehrer Wilhelm Kempff, noch im Alter von 80 Jahren ein jugendlich anmutender Mensch, in einer Fernsehsendung so trefflich ausgedrückt hat: Das Wesentliche für die höchste

Könnerschaft sei es, »den Verstand und die Technik dem Empfinden gleichzuschalten«. Da haben wir sie: die ungeteilte Ganzheit des Menschen. Nur wer seinen Verstand und die von ihm geprägte Technik (welcher Art auch immer) seinem Empfinden, seinen Gefühlen gleichzuschalten weiß, steht auf festem Grund. Denn das Leben des Körpers ist Fühlen, und das Fühlen steuert Seele und Geist nach seiner Gesetzlichkeit. Nur der kann die moralischen Kräfte, die ihm das Leben abverlangt, aus sich selbst heraus schöpfen. Der Kern dazu ist in jedem von uns angelegt.

An dieser Stelle scheint es mir unerläßlich, auf eine hervorragend wirksame, dabei im Prinzip ganz einfache Technik der Persönlichkeitsbildung zu sprechen zu kommen, im Grunde menschheitsalt, lediglich als bewußt angewandte Technik ein »modernes« Ergebnis: die Eutonie (»Wohlspannung«, Gegensatz zu Distonie, also zum gestörten Spannungszustand). Sie führt den Menschen unserer Zeit aus seiner tiefen Verspannung oder gar Überspannung (Hemmungen, innere Konflikte, Gefühlsblockade, Verhärtung bzw. Erstarrung seelischer und körperlicher Art) hin zu seinem ihm eigenen leib-seelischen Spannungsgleichgewicht (innere Freiheit, unreflektiertes Fühlen, körperliche und seelische Gelöstheit). Man kann nur gesund und im Vollbesitz seiner Persönlichkeitskräfte sein, wenn sich Spannung und Entspannung (Lösung) die Waage halten (s. S. 33). Die Eutonie bringt die Energieströmung, die bei ungesunder Verspannung verhärtet ist, wieder zu freiem Fließen. So wird eine Belebung der unterbewußten Gefühlskräfte bewirkt, die viele erstaunen läßt, wenn sie die Wirkung in ihrer gesamten Persönlichkeit erleben dürfen.

Das erreicht diese Technik in erster Linie durch gezielte Bewußtseinsübungen. Ihre Basis sind Kontaktübungen. Dabei wird der Körper über die Haut im Kontakt zu seiner Umwelt erfühlt (Kleidung, Auflagestellen, Gegenstände). Anfangs am Boden ausgeführt, können sie praktisch von je-

dem, auch vom körperlich Untrainierten, gemacht werden. Andere Übungen bauen sich organisch darauf auf.
So belebt der Übende seine Fühlfähigkeit (»ein dickes Fell«, »eine dünne Haut haben«), die äußere und innere (»Kinästhesie«), in einer unerwarteten Form. Normalerweise ist die Fühlfähigkeit verkümmert. Wann wurde sie auch je geschult? Dabei ist die Lebendigkeit der Sinne doch die Basis auch für jegliches Denken. Mit dieser Ausbildung der Sensibilität werden vorhandene Spannungen, Muskelverhärtungen u. dgl. von allein erfühlt, sie werden durch Dehn- und Streckbewegungen zugleich aufgelockert und am Ende aufgelöst. Der Entspannungseffekt kommt dabei von selbst. Mit der Steigerung seiner Fühlfähigkeit und dem wachsenden Körperbewußtsein regeneriert sich der Organismus im natürlichen Sinn. Das falsche Körpergefühl der meisten Menschen unserer Zeit, die nicht in ihrer Mitte sind, das so eng mit Gefühlsblockade und Verhärtung verbunden ist, wird berichtigt. Und damit kommt alles wieder ins Lot, was zuvor schief und verbogen war. Und zwar im gesamten Menschen, auch in Seele und Geist. So gewinnt der Atem seinen ursprünglichen freien Rhythmus zurück. Die Blutzirkulation verbessert sich. Verspannungen und Verkrampfungen körperlicher und seelischer Art werden abgebaut. Alle Kräfte beleben sich von ihrer Wurzel her.
Für viele empfiehlt sich zusätzlich die gegenstandslose Meditation, die auf das überbegriffliche Erfassen der Ganzheit des Menschen abzielt. Denn sie beschleunigt und intensiviert auf ihre Art beträchtlich den eben geschilderten Prozeß. Sie ist ganz diszipliniert und frei von jeglichem beschaulich-genießerischen Moment. Dabei steht sie in lebendigem Kontakt mit unserer Welt der Tatsachen und ist eine echte Hilfe in der harten Lebensrealität. Anfangs ist das allerdings schwer erkennbar, weil sie alles begriffliche Denken ausschaltet und sich der verstandesmäßigen Erklärung entzieht. Diese Meditation des japanischen Zen-Buddhismus, kurz

Zen-Meditation oder Zazen (»Sitzen in Versenkung«) genannt, aktiviert die latenten psychischen Kräfte des Menschen und setzt sie frei. Sie darf unter keinen Umständen mit den vielen Arten der bildhaften oder gegenständlichen Meditation – bessere »Kontemplation« zu nennen – verwechselt werden.*

* Näheres ist den folgenden Büchern zu entnehmen: *A. und M.-L. Stangl »Das Entspannungsprogramm«* und *M.-L. Stangl »Jede Minute sinnvoll leben – Vertrauen zu sich selbst gewinnen«*, beide im Econ Verlag erschienen.

Zur richtigen Anwendung der beschriebenen Zusammenhänge

Damit der Leser am Schluß dieses Buches mit seinen vielen bedeutungsvollen Einzelheiten nicht Gefahr laufe, vor lauter einzelnen Bäumen gar den Wald nicht mehr zu sehen – wie die bekannte Redensart so schön sagt –, sei er nachdrücklich noch einmal an die grundlegenden Ausführungen im einleitenden Teil erinnert, wo die ausdruckspsychologische Grundlage dargelegt ist. Dort wurde eindringlich auf die prinzipielle Mehrdeutigkeit sämtlicher Ausdrucksmerkmale (Seite 25) und auf die Verfälschungen der ursprünglichen Natur des Menschen durch gleichsam aufgesetzte Verhaltensweisen hingewiesen, die dann sozusagen zur zweiten Natur werden (Seite 27).

Dadurch ergeben sich für das richtige Verstehen der Sprache des Körpers und für ihre richtige Auswertung einige zwingende Grundsätze:

Fällen Sie niemals ein schnelles, ein vorschnelles Urteil aufgrund eines einzigen Merkmals, so sehr Ihnen das vielleicht auffallen und überzeugend erscheinen mag. Sie würden sich unweigerlich zum oberflächlichen »Zeichendeuter« oder zum bloßen »Symptomdeuter« entwickeln müssen. Sie würden dabei Ihr ursprüngliches, gesundes Gefühl für die Wesensart eines anderen Menschen nur ständig schwächen und schließlich völlig verfälschen. Für den, der glaubt, die Dinge seien so einfach, wäre es besser, er hätte sich nie mit der Körpersprache geistig-bewußt beschäftigt. Denn er wird auf lange Sicht mehr Nachteile als Gewinn davon haben.

Fällen Sie ein Urteil erst dann, wenn mehrere Körpersignale in die gleiche Richtung weisen, wenn sie also im wesentlichen dasselbe aussagen, indem sie sich in ihrer besonderen Aussage wechselweise bestätigen und ergänzen. In der Regel sind das für den nur halbwegs geschulten Betrachter nicht nur mehrere, sondern eine ganze Reihe von untrüglichen Hinweisen, die aus den ganz verschiedenen Erscheinungsformen des Körpes erwachsen. Im Hauptteil dieses Buches sind sie so ausführlich und übersichtlich wie hier nur möglich behandelt. Nur in diesem Sinn, in diesem Sinn aber absolut, gilt das Wort »Der Körper kann nicht lügen«.

Hüten Sie sich vor jeder phantasievollen Ausschmückung irgendeines Befundes: Halten Sie sich ganz strikt an den besonderen Ausdrucksgehalt eines jeden Merkmals! Ihr kritisches Auge kann in leider nicht wenigen populären Veröffentlichungen immer wieder die phantasievolle, sachlich unbegründete Auslegung vor allem des Gesichtsausdrucks z. B. von Politikern u. dgl. entdecken. Sie erfolgt zumeist im Nachhinein und klingt oder liest sich recht »interessant«. Dabei entbehrt sie oft jeder echten Grundlage.

Beachten Sie besonders die sogenannten Kleinigkeiten, also kaum auffällige, unscheinbare Ausdruckserscheinungen. Von ihnen weiß man im allgemeinen überhaupt nichts. Und sie können in gewissem Gegensatz zu weiter ausgreifenden Bewegungen bewußt auch bei weitem nicht so leicht »gemacht« werden. Sie haben also einen um so höheren Ausdruckswert. Sie müssen nur üben, sie wahrzunehmen! Ihre Mühen darum werden sich reichlich lohnen, nicht nur im konkreten Einzelfall, sondern grundsätzlich in der ständigen Schärfung Ihrer Beobachtung und Ihrer persönlichen Einfühlungsgabe.

Wenn Sie andere Menschen beurteilen wollen oder müssen, vergessen Sie nie die Selbstkritik: Schiller: »Willst Du Dich selber erkennen, so sieh, wie die andern es treiben. Willst Du die andern verstehn, so blick in Dein eigenes Herz!« Ein Urteil können wir immer nur im bewußten oder unbewußten Rückschluß auf unsere eigene, persönliche Betrachtungsweise fällen. Nichts ist leichter als Verurteilen. Und wohl nichts ist schwerer in dieser Welt, als an sich selbst zu arbeiten. Selbstkritik mit ihrer daraus wachsenden Arbeit an sich selbst und wirklich gute, treffende Menschenbeurteilung lassen sich kaum trennen. Verschiedene Untersuchungen haben eindeutig bestätigt: Die besten Menschenkenner sind nicht die, die sich großzügigerweise selber dafür halten, sondern die Bescheidenen und Selbstkritischen, die sich ihrer noch immer vorhandenen fehlerhaften oder schiefen Urteile bewußt sind. Wer von uns wäre fehlerlos, und das gerade in einer so heiklen Sache?

Zu guter Letzt noch ein Punkt, der mir als Autor dieser Veröffentlichung ganz besonders am Herzen liegt. Dieses Buch will bewährtes Fachwissen eines relativ kleinen Kreises von dafür besonders geschulten Menschen einer breiteren Öffentlichkeit erschließen. Zum inneren Gewinn und zum äußeren Nutzen eines jeden, der sich dieses geistige Werkzeug zu eigen macht. Es besteht nun die Gefahr, daß unbedacht und einer bloßen Zweckmäßigkeit wegen in das Innere, in das Wesen eines anderen Menschen eingedrungen wird. Und daß wir dabei mit dem in Konflikt kommen, was jeder Mensch als den intimen, nur ihm selbst zugänglichen Bereich seiner individuellen Persönlichkeit betrachtet. Ohne jede Einschränkung steht ihm dieses Recht zu. Das wollen und dürfen wir niemals vergessen. Der große englische Denker und Schriftsteller Thomas Carlyle (1795–1881), der einen erbitterten Kampf gegen den krassen Materialismus seiner Zeit führte, hat das in den Worten zum Ausdruck gebracht, die mich seit 40 Jahren begleiten:

»Wir wollen das Geheimnis einer Persönlichkeit mit Achtung behandeln: Rennet doch nicht ehrfurchtslos in eines Menschen innerstes Heiligtum!«

Literaturverzeichnis

Bach, George R., und Deutsch, Roland M.: *Pairing,* Düsseldorf–Köln 1972.

Dirks, Heinz: *Psychologie – Eine moderne Seelenkunde,* 6. Aufl., Gütersloh 1962.

Fast, Julius: *Körpersprache,* Reinbek 1971.

Feldenkrais, Moshé: *Der aufrechte Gang,* Frankfurt/Main 1968.

Klages, Ludwig: *Handschrift und Charakter,* 19. und 20. Aufl., Leipzig 1941.

Klages, Ludwig: *Vom Wesen des Rhythmus,* 2. Aufl., Zürich und Leipzig 1944.

Klages, Ludwig: *Die Grundlagen der Charakterkunde,* 7. und 8. Aufl., Leipzig 1936.

Kretschmer, Ernst: *Körperbau und Charakter,* 15. Aufl., Berlin 1942.

Lange, Fritz: *Die Sprache des menschlichen Antlitzes,* 3. Aufl., München–Berlin 1940.

Lersch, Philipp: *Der Aufbau des Charakters*, 2. Aufl., Leipzig 1942.

Lersch, Philipp: *Gesicht und Seele,* 2. Aufl., München 1943.

Lowen, Alexander: *Bioenergetic,* Bern und München 1976.

Morris, Desmond: *Liebe geht durch die Haut,* Zürich 1972.

Müller, Wilhelm: *Mensch und Handschrift,* 2. Aufl., Berlin 1941.

Müller, W. H. und Enskat, A.: *Graphologische Diagnostik,* 2. Aufl., Bern, Stuttgart, Wien 1973.

Piderit, Th.: *Mimik und Physiognomik,* 4. Aufl., Detmold 1925.

Rohracher, Hubert: *Kleine Charakterkunde,* 9. Aufl., Wien–Innsbruck 1961.

Schutz, Wilhelm C.: *Freude,* Reinbek 1971.

Spieth, Rudolf: *Menschenkenntnis im Alltag,* Gütersloh 1967.

Stangl, Anton und Marie-Luise: *Das Entspannungsprogramm*, Düsseldorf und Wien 1974.

Stangl, Anton: *Führen muß man können*, Düsseldorf und Wien 1975.

Stangl, Marie-Luise: *Jede Minute sinnvoll leben – Vertrauen zu sich selbst gewinnen*, Düsseldorf und Wien 1976.

Strehle, Hermann: *Mienen, Gesten und Gebärden*, 5. Aufl., München–Basel 1974.